첫 달부터
매출 나는 구매대행

Substitution for Purchasing

첫 달부터
매출 나는 구매대행

소자본, 무재고!
승승장구하는 구매대행 테크트리

윤주

ISBN 979-11-974316-9-2 (03320)　　값 15,000원

차례

프롤로그_ 원하는 삶을 선택적으로 산다는 것 … 6

1 평범한 직장인, 나는 나를 찾기로 했다 … 14
윤주 튜터의 코칭: 투잡에서 전업으로 전향을 고려할 때 점검해야 할 것들 … 21

2 늦깎이 워홀러, 생각을 전환하다 … 32
윤주 튜터의 코칭: 구매대행, 이게 궁금해요! … 40

3 병아리 셀러, 동남아 플랫폼에 뛰어들다 … 48
윤주 튜터의 코칭: 글로벌셀링의 세계 … 57

4 디지털 노마드, 그 꿈에 다가서다 … 68
윤주 튜터의 코칭: 일의 효율성을 높이는 유용한 디지털 도구 5가지 … 77

5 글로벌셀러, 국내 스마스토어를 열다 … 88
윤주 튜터의 코칭: 구매대행이 가장 현실적인 투잡 아이템인 이유 … 96

6 초짜 사업가, 번 만큼 돈이 증발했다 … 104
윤주 튜터의 코칭: 온라인 판매 시, 더블 체크해야 하는 4가지 … 113

7 성장하는 셀러, 마인드를 바꾸니 팔리는 상품이 보이기 시작했다 … 120
윤주 튜터의 코칭: 상품 소싱은 어떻게 해요? … 128

8	프로 셀러, CS의 세계에서 울고 웃다	140
	윤주 튜터의 코칭: 사업가 마인드를 갖춘 CS 응대 노하우	150
9	1인 기업, 나는 나를 기업으로 만들었다	158
	윤주 튜터의 코칭: 스마트스토어와 마켓 확장에 관한 이야기	165
10	프로 셀러, 구매대행으로 머니를 배웠다	172
	윤주 튜터의 코칭: 구매대행 테크트리 방향 제시	181

수강생 인터뷰: 김정석 님	188
수강생 인터뷰: 최촤 님	196
수강생 인터뷰: 김현재 님	202
친절한 구매대행 실전 워크북	212
에필로그_망설이지 말고 시작할 때	253

프롤로그.
원하는 삶을 선택적으로 산다는 것

여행을 좋아했다. 회사가 싫었다. 자유롭게 일하고 싶었다. 그게 내가 원하는 삶 같았다. 그러나 방법을 몰랐다. 구매대행, 스마트스토어, 디지털 노마드, 경제적 자유…. 요즘은 많이 회자되고 있지만 5년 전엔 흔하지 않은 단어들이었다. 그래서 혼자 많이 앓고 고민했다.

사람들은 다 회사를 잘 다니는데 나는 왜 이렇게 괴롭고 힘들까? 단지 여행이 좋아서 그냥 떠나고만 싶은 걸까?

그래서 많이 떠나봤다. 그러나 목마름이 해결되지 않았다.

회사를 그만두고 구매대행을 하며 언제든 여행을 갈 수 있게 되고 나서야 알았다. 나는 단지 여행을 좋아하는 것이 아니라 시간과 장소에 구애 없이 나의 리듬에 맞게 일하고 여행하며 살고 싶었던 것이다. 모든 삶의 모양은 제각각이다. 누군가는 안정보다 자유를 원하고, 누군가는 자유보다 안정을 즐긴다. 그래서 나는 이 책을 정답이라 말할 수 없다. 단지 원하는 삶을 선택적으로 사는 한 사람의 이야기일 뿐이다.

'예전엔 이랬는데 지금은 이렇게 살아가고 있어. 앞으로 이렇게 살고 싶어.'라고 친구와 술 한잔 기울이며 주절주절 수다 떠는 느낌으로 책을 써 내려갔다. 왜 그럴 때 있지 않은가. 친구와 이런저런 이야기를 나누다 보면 가슴속에 있던 고민이나 걱정이 조금은 가벼워지는 느낌이 들고 무언가를 새로 해보고 싶다는 마음이 커질 때.

나의 이야기를 읽으며 당신이 원하는 삶에 관한 이야기도 나에게 들려주었으면 한다. 아주 사소한 고민이거나 걱정이어도 상관없다. 작은 것들을 고민하고 이야기하다 보면 내가 원하는 삶이 무엇인지 조금씩 또렷해질 것이다. 그리고 아주 작은 일이라도 지금 당장 시작한다면 원하는 삶이 더는 꿈이 아니라 눈에 보이는 현실로 다가올 것이다.

 나의 이야기와 함께 당신의 이야기를 시작하도록 하자.

큰 문제 없이 굴러가는 직장 생활 중,
쉬는 날 회사에서 연락이 오거나 의무적으로 회식에 참여해야 할 때면
마음속 깊은 곳에 돌 하나가 박혀 있는 듯한
불편한 감정이 들었다.

1장

평범한 직장인, 나는 나를 찾기로 했다

1. 평범한 직장인, 나는 나를 찾기로 했다

● **지극히 평범한 직장인**

'안녕하세요. 저는 1남 1녀 중 장녀로 태어나….' 같은 진부한 자기소개가 가능할 만큼 지극히 평범한 삶을 살아온 나는 남들과 다르지 않게 대학교를 졸업하고 취업 준비를 했다. 20살 이후 카페, 레스토랑, 주차장, 포장업체, 텔레마케팅 회사 등 다양한 아르바이트로 쌓은 경험을 통해 서비스직이 나와 잘 맞는다고 생각하게 되었고 다양한 분야의 서비스직을 알아보았다. 그중 경험도 있고 가장 많은 흥미를 느끼고 있었던 외식업계 서비스 매니저로 취업을 했다. 평소 관심이 있던 분야라 설레고 희망찬 기분이 들었다.

첫 직장이라니! 드디어 사회인이 되는 건가? 정식으로 어른이 된 것 같았고, 새로운 세상이 열릴 것 같은 기분이었다.

그렇지만, 역시나 직장 생활 또한 남들과 다르지 않게 지극히 평범했다. 10시간 이상 초과 근무를 해서 힘든 날도 있었고, 고객이 말도 안 되는 진상을 부려 당장 퇴사하고 싶은 날도 있었다. 하지만, 퇴근 후 동기들과 함께 수다를 떨고 위로를 받으며 엄청나게 즐겁지도 엄청나게 힘들지도 않은 하루하루가 아주 적절한 밸런스로 채워졌다.

그러나 큰 문제 없이 굴러가는 직장 생활 중, 쉬는 날 회사에서 연락이 오거나 의무적으로 회식에 참여해야 할 때면 마음속 깊은 곳에 돌 하나가 박혀 있는 듯한 불편한 감정이 들었다. 그 당시에는 이 감정이 정확히 무엇인지, 그리고 무엇 때문인지 제대로 알 수 없었다.

• 내가 이상한 사람인가?

두 번째 회사로 옮겨 새로운 직장 생활을 하게 되었다. 환경이 변했지만 크게 달라진 건 없었다. 큰 문제 없이 무난히 흘러가는 삶이었다. 그러나 뭔지 모를 불편한 감정들이 겹겹이 더해지는 기분이 들었다. 주말이 지나고 회사에 출근하면 인사치레라는 명목으로 옆자리 동료가 물었다. '어제 뭐 했어?', '집에 무슨 일 있었어?' 묵묵부답할 수 없으니 대답을 했지만 내 생활을 일일이 보고하는 기분이 들어 썩 유쾌하진 않았다.

이 사람들은 진짜 내가 궁금한 걸까? 사생활을 묻는 것이 왜 이렇게 당연하게 여겨질까? 사람들이 자꾸 선을 넘는다는 기분이 들었다. '나만 이렇게 불편한가? 내가 이상한 건가?'라는 생각이 들기 시작하자 유난을 떠는 사람이 된 것 같아 그 마음을 선뜻 드러낼 수 없었다. '다른 사람들은 문제없이 잘 지내잖아.' 생각하며 직장 생활이 무탈히 흘러가길 바라는 나 자신을 어르고 달랬다.

회사에서 꽤 많은 시간을 보내면서 근무 시간 중 유일하게 쉴 수 있는 때는 점심시간이었다. 그러나 회사에서의 점심시간은 원하지 않는 메뉴를 먹어야 하기도 했고 동료들과의 속도에 맞춰서 평소보다 밥을 빨리 먹어야 하기도 했으며, 그래서 먹고 싶은 만큼 먹지 못할 때도 있었다. 어느 날은 밥을 먹는 대신 낮잠을 자거나 혼자 햇빛을 한껏 즐기며 여유롭게 산책을 하고 싶었지만, 점심은 함께 먹어야 한다는 암묵적인 룰 때문에 그렇게 할 수 없었다. 점심시간만큼은 오롯이 나 혼자만의 시간이었으면 하는 생각이 차곡차곡 쌓이던 어느 날, 용기를 내어 말했다. '저 혼자 밥 먹을게요!' 동료들은 고개를 갸우뚱하며 무슨 일이 있냐고 물었다. 그냥 혼자 먹고 싶다고, 앞으로도 점심은 혼자 먹겠다고 말하자 무언가 다른 이유가 있을 거라는 표정으로 바라보며 알겠다고 답했다.

아이러니하게도, 이렇게 하나하나 불편함을 드러내고 행동을 바꿀 때마다 마음이 편해져야 하는데 오히려 더 불편해졌다. 겉으로는 제법 잘 지내는 것처럼 보였지만 혼자만 룰을 지키지 않는 삐뚤어진 문제아가 된 기분이었다. 첫 번째, 두 번째 회사에서도 이런 상황들이 계속해서 쌓이자 남들과 같은 평탄한 직장 생활을 바라며 눌러왔던 마음이 요동쳤다.

당장 사회를 바꿀 수는 없고 자신을 인정하기로 했다. 내게는 회사에서의 단체 생활이 버겁구나, 나는 이런 게 어려운 사람이구나, 라고. 그리고 어딘가에 소속되어 직장 생활을 오랫동안 하지는 못할 사람이라는 것을 어렴풋이 예감했다.

• 알고 보니 나는 진취적인 인간이었어!

옮긴 회사는 아주 작은 곳이었다. 시스템이라는 게 없었고 그 와중에 미친 듯이 성장을 하던 곳이었다. CS 담당자로 들어갔지만 작은 회사가 그렇듯 정신을 차려보니 CS는 물론이고 온라인 마케팅, 그 외 일까지 하고 있었다. 많은 일을 하는 것도 힘들었지만, 그보다도 시스템은 없는데 직원은 늘어가니 전반적인 관리를 하는 게 더 힘들었다. 아무도 시킨 사람은 없지만, 직원을 효율적으로 관리하는 방법에 관해서 고민하기 시작했다. 누굴 위해서라기보다 뭐라도 안 하면 미래의 내가 더욱 힘들어질 것 같다는 생각이 들었기 때문이다.

다행히 첫 번째 회사에서 직원 관리를 해본 경험이 있어 그 경험을 바탕으로 직원 관리 시스템을 연구하고 만들기 시작했다. 해당 부분에 지식이 있는 건 아니었지만, 실질적으로 사용이 가능하게 만들자는 생각으로 몇 주에 걸쳐 시스템을 구축하고 컨펌을 받았다. 꽤 긍정적인 반응이 나왔고 현장에 적용해보자고 했다. 그리고 몇 주 테스트를 해본 결과 앞으로도 이 시스템을 적용해서 직원을 관리하면 좋을 것 같다는 평가가 나왔다.

하나부터 열까지 오롯이 내 힘으로 만든 시스템이 현장에 적용되어 유용하게 쓰이자 이루 말할 수 없는 뿌듯함이 들었다. 주어진 일을 해내고 받는 칭찬과는 완전히 다른 느낌이었다. 온전한 나의 것이 인정을 받으니, 마치 나 자신을 인정받는 기분이 들었다. 아, 이런 걸 성취감이라고 하는 건가? 직장 생활을 하며 처음으로 성취감이라는 것을 느꼈다.

지나치게 긍정적인 성격 탓에 항상 주어진 환경에 만족감이 높은 편이었던 나는 이전의 무난한 직장 생활도 꽤 만족스러워하며 지냈다. 그래서 스스로를 안정 지향적인 사람이라고 생각하며 살아왔다. 그러나 온전한 나의 것을 만들어내는 과정을 반복하다 보니 나는 꽤 진취적인 사람이었다는 사실을 27년 만에 처음 깨닫게 되었다.

한번 성취감을 느끼고 나자 계속해서 회사에 필요한 부분을 찾아 하나하나 빌드업하기 시작했다. 이렇게 해낸 일들은 힘듦이 두 배였지만 성취감도 두 배였다. 그러다 보니 회사가 단순히 월급을 주는 곳이 아니라, 내가 회사를 만들어간다는 느낌을 받았다. 그럴 때마다 '내 사업을 한다면 이런 기분이 들까?'라는 생각이 스쳐 지나갔지만, 어쩐지 사업은 무시무시한 일로 느껴져 엄두도 내지 않았다.

커넥팅 더 닷(Connecting the dots). 스티브 잡스가 스탠퍼드대학교 졸업식 연설문에서 했던 말이다. 점들이 모여 인생의 선이 된다는 뜻이다. 첫 직장 생활의 점들은 어떠한 선도 만들어내지 않았다. 하지만 그 점의 존재만으로도 꽤 의미 있는 성과를 얻었다. 진짜 나, 그리고 나의 또 다른 모습을 발견한 것이다. 사교적인 줄 알았던 나는 생각보다 단체 생활을 버거워했으며, 안정 지향적인 성향이라고 믿고 있었는데 꽤 진취적인 인간이었다.

28살, 나는 그렇게 나를 알아가고 있었다.

투잡에서 전업으로 전향을
고려할 때 점검해야 할 것들

• 누구나 시작할 순 있지만, 누구나 성공하는 건 아니다

"누구나 가슴속에 사직서를 품고 산다."는 말이 있다. 많은 직장인이 퇴사하고 본인의 사업을 하고 싶어 한다. 특히 요즘은 온라인 판매에 관심이 많이 생기면서, 투잡으로 시작해 어느 정도 수입이 생기면 사업을 전업으로 하려는 사람들이 많아졌다.

나도 처음 온라인 판매를 시작했을 때, 커피숍에서 일하며 투잡으로 구매대행을 했던 사람이라, 주변 사람들이 종종 투잡과 전업 그리고 온라인 판매에 관해 고민 상담을 요청하곤 한다.

구매대행 같은 온라인 판매가 여전히 가능성이 큰 시장이긴 하지만 그럼에도 불구하고 나는 그들에게 '퇴사하고 이것에 올인하면 됩니다!', '투잡으로 맛 좀 봤으니 당장 전업하세요!'라고 말할 수 없다.

누구나 시작할 순 있지만, 누구나 성공하는 건 아니기 때문이다. 어떤 사람이 구매대행과 같은 온라인 판매를 꿈꾸지만, 쇼핑을 좋아하지 않는다면? 또는 어떤 방식이든 고객을 다루는 일은 죽도록 싫어하는 사람이라면 어떻게 해야 될까?

그래서 나는, 퇴사하고 사업을 하고 싶다는 사람들을 비롯해 온라인 판매를 투잡에서 전업으로 고민하는 이들에게 4가지 관점에서 본인을 셀프로 체크해보라고 권한다.

1. 시간과 공간에 대한 융통성 있는 통제가 가능한가

"나는 자유를 원하지만, 자율성은 없는 인간인 것 같아. 회사에 출근하는 게 더 나아. 회사 열심히 다닐래."

며칠 전 재택근무의 어려움을 이야기하며 친구가 나에게 한 말이다. 코로나가 터지고 많은 회사가 재택근무를 시작했다. 내 주변 지인도 대다수가 재택근무를 했는데, 회사에 다니다가 재택근무를 하니 본인의 성향을 알게 되었다고 말하는 이들이 많았다. 회사에 다니면서 아침마다 '내가 이 회사 그만두고 만다!'라는 생각을 했지만, 막상 출근을 안 하고 집에서 일하니 도통 일에 집중이 안 되고 더 놀고 싶고 침대에 늘어지는 시간만 많아졌다고 말한다.

처음 구매대행을 하며 집에서 일하기 시작했을 때, 출퇴근 지하철에서 에너지를 소모하지 않아서 좋았고, 내가 쉬고 싶을 때 쉬고 일하고 싶을 때 일해서 좋았다. 그렇게 몇 주를 지냈는데, 내 방을 보던 엄마가 말했다. "폐인이 따로 없네." 쉬고 싶을 때 쉬고 놀고 싶을 때 놀다 보니 밤낮이 바뀌는 것은 물론이고 해야 할 일이 있음에도 불구하고 마냥 늘어진 것이다.

사실 나뿐만 아니라 대부분 사람들은 2시간을 놀면 4시간을 놀고 싶어지고 4시간을 놀면 종일 놀고 싶어진다. 그래서 생활 패턴과 장소를 고정적으로 정하지는 않더라도 어느 정도 선을 두는 것이 중요하다. 사무실이 따로 없으면 집에서 일하게 되는데 되도록 공간을 분리하는 것이 좋다. 쉬는 공간과 일하는 공간을 분리해서 사용해야, 일할 때 집중도가 올라가고 쉴 때도 온전히 쉬는 기분을 느낄 수 있다.

시간의 경우는 사람의 성향에 따라 달라질 수 있다. 나는 집중력이 약한 편이라 2~3시간 집중해서 일하고, 쉬거나 다른 것을 하다가 다시 일하는 등 시간을 유동적으로 사용하는 편이다. 만약 일하는 시간과 쉬는 시간을 완전히 분리하고 싶다면 회사에 다닐 때처럼 근무 시간을 고정적으로 정하는 것이 좋다. 특히 퇴사하고 구매대행을 전업으로 하게 되면 갑자기 시간이 많아진 느낌이 들어 앞선 나의 모습처럼 기준 없이 쉬고 일하고 놀 수 있다. 그보다는 본인이 집중이 잘되는 시간대를 찾아보고 어느 정도 루틴한 생활 패턴을 만드는 것이 좋다.

2. 주도적으로 일하는 것을 좋아하는가

회사에서는 상사가 나에게 일을 주거나 팀에 일을 주면 부서별로 나눠 일하며, 이렇게 주어진 일을 하면 월급이 나온다. 그러나 퇴사를 하고 온라인 판매를 시작하면 당신이 사장이자 직원이 된다. 즉, 스스로 일을 찾고 만들어서 해내야 한다. 회사에서 벗어나 자유가 생겼지만 대신 주도적으로 해야 하는 일이 늘어난다.

어떤 물건을 판매할 때는, 사전 조사를 하고 상품을 선택해서 판매와 배송을 하고, 마케팅도 하고 고객 서비스를 처리하는 등 대략 떠올려도 6~7가지 정도 되는 업무가 얽혀 있다. 회사에서는 부서별로 나눠서 일을 진행하지만 우리는 혼자서 다 해내야 한다. 물론 규모가 커지면 회사처럼 직원을 뽑아 일을 분담할 수도 있으나 초반에는 대부분 혼자 모든 걸 할 수 있어야 한다.

이 모든 일은 누가 알려주지 않는다. 스스로 해야 할 일을 찾아야 하고 문제가 생기면 알아서 해결해야 하며, 효율적으로 일하는 연습을 해야 한다.

3. 이 일에 어느 정도 흥미가 있는가

'온라인 쇼핑몰을 운영할 때, 가장 필요한 자질이 무엇인가요?'라는 질문을 종종 받는다. 그럴 때마다 나는 '쇼핑력'이라고 답했다. 쇼핑을 즐기는 정도라는 뜻으로, 내가 만든 단어라 사전에는 당연히 나오지 않는다. 온라인 쇼핑몰 운영의 핵심은 잘 팔리는 물건을 잘 고르는 것이다. 그러면 잘 팔리는 물건은 어떻게 고를 수 있을까?

예를 들어 관련 지식이 없는 상태에서, 부동산으로 돈을 벌고 싶다는 목표가 생겼다고 하자. 가장 먼저 부동산에 관한 기초 지식을 쌓기 위해 관련 서적이나 기사들을 보며 공부를 할 것이다. 그다음은 관심 있는 지역을 정해서 공부를 한다. 그리고 그 지역의 부동산 시세를 샅샅이 알아본다. 한시적이 아니라, 꾸준히 공부하고 지켜보며 시세의 흐름을 익혀야 한다.

팔리는 물건을 찾는 것도 비슷하다. 상품도 유행이나 흐름이 있기 때문에 다양한 상품을 많이, 자주 봐야 잘 팔리는 상품의 특징을 알 수 있고 흐름을 이해할 수 있게 된다. 여기서 포인트는 상품을 '많이', '자주' 보는 것인데 이 부분을 일로 생각하고 의무적으로 여기기 시작하면, 하루에 일하는 절대적인 시간이 너무 많다고 생각되어 심리적인 스트레스를 많이 받을 수 있다.

요즘은 상품의 수명이 짧은 편이고 신상품이 나오는 텀도 굉장히 빠른 편이라, 틈틈이 상품을 많이 보는 것이 하나의 경쟁력이 될 수 있다. 즉, 온라인 쇼핑몰을 운영하기 위해서는 쇼핑에 얼마나 흥미가 있는지, 자문해볼 필요가 있다.

4. 지금의 매출이 지속 가능한가

투잡에서 전업으로 전향하기를 고려한다면 가장 중요하게 생각해야 하는 항목이다. 구매대행 강의를 할 때, 내가 만난 수강생 중 90%가 직장인이었다. 투잡으로 먼저 구매대행을 시작해서 어느 정도 자리를 잡으면 퇴사하겠다는 희망찬 마음으로 강의를 신청한다. 그리고 실제로 어느 정도 수익이 나기 시작하면 다시 연락이 온다.

"매출이 나오기 시작하는데요. 구매대행을 전업으로 하면 매출이 더 잘 나올 것 같은데 어떻게 하는 것이 좋을까요? 퇴사를 추천하나요? 언제쯤 퇴사하면 좋을까요?" 온라인 판매를 전업으로 시작한다는 것은, 인생에서 완전히 새로운 길을 가는 것이다. 그러므로 쉽게 정할 수 있는 문제가 아니다.

투잡을 하다가 전업으로 전향하면 일하는 절대적인 시간이 많아지기 때문에 그만큼 매출도 증가할 것이라고 많은 사람이 예상한다. '투잡으로 할 때 하루에 3~4시간을 투자해서 400~500만 원을 벌었으니, 전업으로 하루에 8시간을 일하면 1,000만 원 정도를 벌 수 있겠지?'라고 단순한 계산법으로 접근한다. 하지만 실제로 수강생들의 데이터를 보니, 일하는 시간과 매출이 절대적으로 비례하지는 않는다는 것을 알 수 있었다.

첫 달부터 기대한 만큼의 이익을 얻거나 갑자기 매출이 확 오르면, 그 달의 매출만으로 장래를 지나치게 밝게 보는 경향이 있다. 하지만 냉정하게 말해, 한 달 동안 매출이 잘 나왔다고 해서 앞으로의 매출도 만족스러울 것이라는 보장은 없다. 그러므로 첫 달의 매출을 기준으로 퇴사해서는 안 된다. 적어도 3개월간 원하는 목표치의 매출이 지속해 발생했을 때 퇴사를 고민하는 것이 좋다. 가장 좋은 시그널은 3개월간의 매출이 모두 목표치를 달성하고, 꾸준히 우상향 그래프를 그리는 것으로, 이때 온라인 판매의 지속 가능성이 충분히 긍정적이라고 생각하면 된다.

2장

늦깎이 워홀러, 생각을 전환하다

2. 늦깎이 워홀러, 생각을 전환하다

• 29살, 캐나다로 떠나다

여행을 좋아하던 나는 대학을 졸업할 때쯤 워킹홀리데이를 가고 싶었다. 다양한 경험을 해보고 싶었고 오롯이 내 힘으로 타지 생활을 해보고 싶었다. 그런데 집안에 일이 생겨 시기를 놓치고 말았다. 그렇게 떠나지 못한 워킹홀리데이는 아주 이상한 방식으로, 틈만 나면 내 삶에 끼어들었다. 취업 준비를 하다가 서류 전형에서 떨어지면 워킹홀리데이를 다녀오지 않아서인 것 같았고, 전혀 관련 없는 일에서도 무언가가 잘 풀리지 않으면 그것도 워킹홀리데이 때문인 것만 같았다. 그리고 떠나지 않은 그 시절의 나를 원망하기 시작했다. 이런 일들이 반복되자 이것이 '미련'이라는 것을 알게 되었다. 그 사실을 깨달은 건 29살이었다.

아무래도 워킹홀리데이를 가야겠다고 말하자 어떤 이는 너무 늦은 나이가 아니냐고 했고, 어떤 이는 다녀와서 다시 회사에 들어가려면 신입도 아니고 경력이 애매해서 힘들지 않겠냐고 걱정이 가득한 조언을 했다. 그러나 이번에도 이런 이유, 저런 이유로 떠나지 않는다면 이제는 몇 년이 아니라 평생 29살의 내 선택을 후회할 것이 분명했다.

여러 가지 환경적인 조건을 따져본 후, 태어나서 밟아본 적 없는 캐나다로 떠나기로 했다. 그중에서도 대도시인 밴쿠버 아래 있는 밴쿠버섬, 빅토리아에 가기로 했다. 1년이 조금 안 되는 기간에 워킹홀리데이를 가기 위해 초기 자본금을 모았고, 신나는 마음으로 캐나다를 향해 떠났다.

도착해서 일주일은 실컷 놀았다. 넋을 놓고 놀다 보니 남은 돈이 별로 없었다. 많이 써서라기보다 애당초 가지고 온 돈이 별로 없었다. 현실을 깨닫고 구직 활동을 시작했다. 낮에는 발품을 팔아 가게에 들어가서 이력서를 돌리고, 밤에는 온라인으로 지원을 했다. 일주일이 넘도록 이력서를 돌렸지만 단 한 군데에서도 연락이 오지 않았다.

내가 현지 전화번호를 이력서에 잘못 기재한 건가 싶은 의심이 들기 시작했다. 결국, 홈스테이 주인에게 이력서에 있는 번호로 전화를 걸어보라고 했다. 1초 만에 벨이 울렸다. 다정하신 주인분은, 캐나다인인 우리도 구직 활동이 쉬운 것은 아니니 조금만 더 힘내라며 용기를 줬다. 그렇게 2~3일 정도 구직 활동을 하던 와중에 드디어 전화가 왔다. 인터뷰를 보러 오라는 것이다! 그것도 내가 매우 가고 싶었던 곳이었다.

캐나다에 오기 전, 일하고 싶은 곳에 대해 3가지 조건을 스스로 만들었다. 첫째, 캐나다인 오너일 것. 둘째, 동료 중 아시아인 비율이 낮을 것. 셋째, 로컬 회사일 것. 이 조건에 모두 부합하는 곳에서 연락이 온 것이다. 레스토랑에서 요리했던 아르바이트 경력 덕에, 그 지역의 꽤 유명한 브런치 가게에서 당당하게 칼을 잡을 수 있게 되었다. 영어도 능숙하지 않은 내가 외국인들과 일을 하게 되다니! 설레고 걱정되고 뿌듯한 복합적인 감정이 들었다.

• 내 인생은 내 선택으로 만들어진다

10만 원이 남았을 때 일을 구했다는 감사한 마음에 열심히 일을 배웠다. 내가 일한 레스토랑은 아침 7시부터 오후 3시까지 하는 브런치 가게였는데 관광지의 중심에 있는 곳이다 보니 장사가 꽤 잘되는 편이었다. 나는 애피타이저와 과일 메뉴를 담당했다. 브런치 가게 특성상 단독 과일 메뉴뿐만 아니라 모든 메뉴의 사이드로 과일이 제공되기 때문에 가장 바쁜 파트를 맡게 된 것이다.

게다가 영어 실력이 좋지 않은데 영어로 일을 해야 하니 여간 힘든 것이 아니었다. 미드로 영어 공부를 할 때는 주인공의 말을 0.5배속으로 선택해서 들을 수 있었지만, 현실은 2배속, 1.5배속 등 제각각이었고 일이 바빠질수록 동료들의 말도 빨라졌다. 하루 이틀 지나면서 처참한 영어 실력을 확인하고 이곳에서 살아남으려면 어떻게 해야 할까 생각했다. 이가 없으니 잇몸으로 살아야 했다.

어릴 때부터 아르바이트를 많이 해서 일머리가 제법 좋았던 나는 비교적 빨리 익힐 수 있는 레시피와 요리 프로세스를 외우기 시작했고, 그 결과 누구보다 빠르게 음식을 만들 수 있었다. 그렇게 워킹홀리데이 초반 생활에 적응을 제법 잘 하고 동료들과도 친구가 되어 꿈꾸던 워홀 생활을 즐기게 되었다.

그러던 어느 날, 바쁜 시간이 지나고 여유롭게 일하다가 무심코 고개를 돌렸다. 내가 일하는 자리는 주방에서 가장 오른쪽이어서 주방 전체를 한눈에 볼 수 있었다. 주방 리더인 Onile은 50대 중반의 필리핀 태생 캐나다인, 주로 수프를 만드는 Joe는 50대 초반의 싱글남, 오믈렛을 만드는 Sam은 20대 초반의 사회 초년생, 샐러드 담당인 Nadine은 30대 후반의 밴쿠버 출신, 팬케이크와 크레페를 만드는 Bob은 아이가 셋인 40대 중반의 아빠….

20대 초반부터 50대 중반까지 성별, 결혼 여부, 그리고 국적을 가리지 않고 다양한 사람이 어울려 일하는 모습이 갑자기 생경하게 다가왔다.

한국에서도 레스토랑 주방에서 일한 적이 있었다. 20대 초반에 3년간 했던 아르바이트였다. 그곳에서도 나이 차이는 있었지만, 20대 초반부터 30대 초반까지 어느 정도 한정적인 구간에서 나이대가 구성되었다. 홀에서 일하는 사람들의 나이대도 비슷했다. 그나마 주방 매니저와 점장 정도가 나이가 많은 편이었다.

비슷한 공간인데도 전혀 다른 모습을 보며 '무엇이 이렇게 다른 모습을 만든 걸까?'라는 생각이 들었다. 그 외에도 캐나다에서의 하루하루는 그동안 내가 살아온 한국의 환경과는 다른 것이 많았다.

그렇게 한국과는 많이 다른 환경을 매일 접하다 보니 머릿속에는 '왜? 왜 여기서는 되고 우리나라에서는 안 되는 걸까?'라는 의문이 따라다녔다. '왜'라는 꼬리표를 쫓아가면, 사실 안 될 이유는 없었다. 단지 사회적 환경이 다를 뿐이었다. 그렇다면 나라도 한국 사회의 틀에 갇히지 않고 내가 원하는 방향으로 살아야겠다는 생각이 들었다.

신기하게도, 그렇게 마음을 먹은 날부터 많은 것이 달라 보이기 시작했다. 막연하지만 모든 것이 가능성으로 느껴지고 기회로 다가왔다. 그러자 조금은 황당해서 웃음이 나왔다. 이렇게 간단하다고? 깨닫는 것만으로도 세상이 이토록 다르게 보인다고? 문제는 결국 사회에서, 그리고 사람들이 만들어놓은 틀이 아니었다. 나를 둘러싸고 있는 틀을 내 손으로 어떻게 깨고 나올 것인가의 문제였다. 인생의 많은 것이 오롯이 내 선택에 달렸다는 사실을 깨달은 날이었다.

● 생각은 '덜' 하고 행동을 '더' 할 것

캐나다를 다녀온 후, 워홀이나 해외 생활에 관해 고민이 생기면 지인들은 나를 찾아오고는 했다. 마치 명예 캐나다인처럼 캐나다가 너무 좋다고 떠들고 다닌 탓이었다. 고민의 이유나 형태는 제각각이었지만 공통된 질문 중 하나는 "너는 어떤 마음으로 캐나다에 갔어? 걱정은 안 됐어?"였다.

나라고 왜 걱정이 안 됐을까. 대화를 겨우 할 수 있을 정도의 영어 실력에, 딱히 뛰어난 것도 없고, 워홀이 끝나고 돌아올 직장이 있던 것도 아니고, 다른 워홀러들에 비하면 나이도 많고…. 생각은 꼬리에 꼬리를 물어서 점점 커졌고 이런 걱정과 고민 탓에 잠을 설쳤다. 이런 고민을 몇 날 며칠 붙잡고 있다 보니 '내가 진짜 워킹홀리데이를 가고 싶은 것이 맞나?'라는 생각까지 들었다. 그리고 이런 고민은 모두 두려움에 의한 변명이라는 것을 깨달았다.

영어를 못하는 것이 창피할 수는 있지만, 못하니까 워킹홀리데이를 가는 것이다. 워홀이 끝나고 나서의 삶이 불안정하다는 것은 너무 앞선 걱정이었다. 누구도 미래를 예측할 수 없다. 다른 워홀러들에 비해서 나이가 많다? 나이는 상대적이고, 100살을 산다고 했을 때 29살은 새파랗게 어린 나이며 남은 인생이 많았다. 이렇게 단순하게 생각하자 답이 보이기 시작했다. 더는 고민하지 않고 워킹홀리데이를 가기로 했다.

이때의 경험으로 생각은 '덜' 하고 행동을 '더' 하는 것이 스트레스를 줄이고 결과에 빨리 도달하는 방법이라는 것을 깨달았다. 먼저, 상황을 멀리서 보려고 노력한다. 그래도 정리가 안 된다면 종이를 꺼내 고민이나 걱정이 아닌, 객관적인 사실을 나열하고 해야 할 행동 리스트를 정리한다. 그중에서 빨리할 수 있는 행동부터 하다 보면 어느새 고민이 증발하거나 문제가 해결된 것을 경험할 수 있다. 이 마인드 셋은 지금도 많은 도움이 되는 부분으로 지인과 수강생들에게도 항상 강조한다.

"생각은 덜 하고 행동을 더 하세요."

구매대행, 이게 궁금해요!

투잡을 원하는 직장인들에게 스마트스토어와 구매대행을 주제로 강의한 지 1년 반이 넘었다. 그동안 오천 명에 가까운 수강생을 만나면서 그들이 어떤 걱정과 고민을 안고 시작하는지 많이 알게 됐다. 고민하는 이들을 위해 가장 궁금해하는 질문 6가지에 대한 답변을 가지고 왔다.

Q1. 구매대행은 무엇인가요?

말 그대로 구매를 대행해주는 서비스다. 해외 상품을 살 때 고객은 여러 가지 이유로 어려움을 느끼는데, 이 부분을 판매자인 우리가 대신하는 것이다. 보통 일반적인 도소매업의 경우에는 물건을 판 금액 자체가 수익이 되지만, 구매대행의 경우에는 판매 가격 안에 해외 상품의 가격과 배송비, 관세·부가세, 세금 등 제반 비용에 서비스 수수료를 붙여 판매하는 시스템으로 구매대행에서의 순수익은 바로 '서비스 수수료'에 해당한다.

Q2. 저는 직장인이라 사업자를 내는 것이 부담스러워요. 꼭 사업자를 내야만 시작할 수 있나요?

스마트스토어에서 판매자로 가입할 때는 크게 3가지 형태가 가능하다. 첫 번째는 해외 거주 판매자, 두 번째는 개인 판매자, 세 번째는 사업자 판매자이다. 먼저 해외 거주 판매자의 경우, 한국이 아닌 타국에서 거주하는 판매자를 말하는데 해당 국가의 사업자등록증을 소지해야 한다. 이 경우에는 네이버쇼핑 '해외직구관'에 입점이 가능하다는 장점이 있다.

개인 판매자의 경우에는 별도의 서류도, 사업자를 등록할 필요도 없이 일반적인 플랫폼에 가입하는 것처럼 회원 가입만으로 등록할 수 있다. 물론 개인 판매자라고 해서, 상품 노출도에 있어 사업자 판매자와 차별을 둔다거나 하는 것은 전혀 없다. 특히, 상품을 먼저 올려서 고객의 반응을 보고 매출이 발생하기 시작하면 그때 사업자 판매자로 전환하여 셀러 활동을 지속할 수 있기 때문에 부담감이 적다는 장점이 있다.

개인 판매자로 활동을 하다가 사업자 판매자로 전환하는 것은 어렵지 않다. 기존에 사용하던 개인 판매자 계정에서 사업자등록증과 통신 판매업을 등록한 후, 해당 서류를 제출하면 심사 후 사업자 판매자로 전환되어 동일한 계정으로 셀러 활동을 지속할 수 있다. 사업자등록을 할 때는 일반 과세자가 아닌 간이 과세자로 먼저 시작하여, 매출이 적은 초반에는 여러 세제 혜택을 누리고 매출이 커지면 일반 과세자로 전환하는 것을 추천한다. 여기서 주의할 부분은 세금을 내지 않고 개인 판매자로 계속 활동할 수는 없다는 것이다. 셀러 활동을 지속할 예정이라면 정식으로 사업자등록을 하고 판매 활동을 하는 것이 바른 방법이니, 개인 판매자로서의 시작은 임시적이라고 이해하는 것이 좋다.

Q3. 우리 회사는 투잡을 금지해요. 몰래 하고 싶은데 회사가 매출을 알 수 있나요?

회사마다 다를 수는 있으나 매출이 커진다면 회사에서 알 확률이 높다. 회사는 건강 보험료의 일정 수준을 부담한다. 그 사람의 소득 수준에 따라 건강 보험료가 오르기 때문에, 회사에서는 건강 보험료를 보고 회사 외 소득을 의심할 수 있는 것이다. 그렇기 때문에 '몰래' 한다는 것은 어느 정도 한계가 있다. 회사마다 분위기나 겸업 조항이 매우 다른데, 어떤 회사는 '우리 회사는 겸업 상관

없어, 환영이야.'라고 하는 회사도 있고 '겸업은 절대 안 된다.'라는 조항이 있는 곳도 있고 또는 '우리 회사와 관련 분야가 아니면 겸업을 해도 상관없어.'라고 하는 회사도 있다. 이렇게 회사마다 다르기 때문에 다른 사람의 이야기를 듣고 판단하기보다는, 회사 내에서 정확한 정보를 알아보는 것이 가장 좋다.

Q4. 구매대행, 지금 시작해도 괜찮을까요?

해외 직구(직접 구매)가 보편화되었기 때문에 '굳이 구매대행을 이용하는 사람이 있을까?'라는 합리적인 의문이 당연히 든다. 그런데 실제로 강의에서 "직구를 해보신 분은 손 들어보세요."라고 하면 30~40%가 직구를 해봤다고 답한다. 수강생의 평균 연령이 20대 중후반에서 30대 초중반임을 고려했을 때 생각보다 낮은 비율이다. 혹은, 이렇게도 생각해볼 수 있다. 주변 사람 중에서 실제로 직구를 하는 사람의 비율이 어느 정도 되는지 떠올려보는 것이다. 내 경우는 주위 친구들이 직구에 관해 개념을 모두 알고 있는데도 불구하고, 실제 직구를 하는 비율은 20% 미만이다. '직구', '해외 구매'라는 단어가 익숙해졌지만 아직도 언어적인 부담이나 해외 사이트에 대한 허들이 존재하고, 많은 사람이 귀찮아하므로 이 부분을 해결해줄 수 있는 구매대행은 여전히 수요가 있다고 봐도 좋다.

Q5. 현재 위탁 판매를 하고 있어요. 구매대행을 같이 해도 될까요?

하나의 스토어에서 국내 상품과 위탁 판매, 또는 사입(사입에 관한 자세한 설명은 89쪽에 나온다) 상품을 함께 판매한다고 해서 스마트스토어 노출도에 큰 영향을 미치지는 않으나, 세법적인 부분에서 문제가 생길 수 있다. 구매대행의 경우, 상품의 가격과 제반 비용을 제외하고 서비스 수수료가 수익이 된다. 그러나 위탁 판매와 사입 상품의 경우, 도소매업에 해당하여 상품 가격 자체가 매출액으로 잡힌다. 세법에서는 이 두 가지 사업을 완전히 다른 부류로 보기 때문에 하나의 사업자 안에서 구매대행과 위탁 판매를 같이 할 경우, 혼란을 가지고 올 수 있다. 물론 사업 초기 매출이 크지 않을 때는 판매되는 상품을 하나하나 잘 기록해놓으면 문제가 되지 않지만, 매출이 올라가고 사업이 커지면 현실적으로 그렇게 하기는 쉽지 않다. 이렇게 세법적으로 문제가 되기 때문에 동일한 사업자, 그리고 동일한 스토어 안에서 구매대행과 위탁 판매, 사입 상품 판매를 함께하는 것은 권하지 않으며 사업자를 별도로 구분하여 운영하는 것을 추천한다.

Q6. 첫 판매까지 얼마나 걸리나요?

가장 어려운 질문으로, 사람마다 또 스토어마다 모두 다르기 때문에 사실상 평균의 의미가 없다. 먼저 나의 경우에는, 네이버 스마트스토어에 상품을 올리고 나서 이틀째 되는 날 첫 판매가 이루어졌다. 여러 가지가 시의적으로 맞았던 결과였다. 수강생 중에서 가장 빨리 판매된 경우는 상품을 올리고 5시간 만에 첫 판매가 이뤄지기도 했다. 일주일 만에 판매된 경우도 있고, 한 달, 3개월 등 다양한 시기에 첫 판매가 이뤄졌다. 이처럼 판매나 매출은 모두 다르기 때문에 평균치를 정하기 힘들다. 다만 가장 늦은 경우는 명확하다. 지금까지도 시작을 안 하는 경우다. 그래서 가장 중요한 것은 '실행'이다. 다른 사람들의 평균치를 기준으로 정하기보다, 나의 길을 성실하게 걸어간다면 분명히 좋은 성과가 나올 것이다.

3장

병아리 셀러, 동남아 플랫폼에 뛰어들다

3. 병아리 셀러, 동남아 플랫폼에 뛰어들다

● 앞으로 뭐 하고 살아야 할까? 십춘기의 시작

워킹홀리데이를 가야겠다고 계획한 시점부터, 워킹홀리데이를 통해서 번 돈은 그 기간이 끝난 후 여행에 모두 쓰고 와야겠다고 생각했다. "질리도록 여행하고 와. 다시는 나간다는 소리 안 하게!" 엄마가 했던 말을 떠올리며, 1원까지 탈탈 털어 질리도록 여행을 하고 돌아가야겠다고 다짐했다. 그렇게 생각을 하던 와중에 가장 친한 친구가 마침 오랜 직장 생활을 그만둔다는 소식을 들었다. '오, 이건 기회야!' 친구에게 함께 장기 여행을 하자고 했다. 막연히 30살이 되면 뉴욕에 함께 가자고 했던 어린 시절의 약속을 둘 다 기억하고 있었다. 그 약속을 핑계로 우리는 3개월간의 북중미대륙 여행을 계획했다.

밴쿠버에서 시작해 밴프, 시애틀, 포틀랜드, 라스베이거스, 샌프란시스코, 멕시코, 토론토, 퀘벡을 여행하고 뉴욕에서의 한 달 살기로 마무리되는 코스였다. 그동안 인도, 일본, 태국, 라오스 등 꽤 많은 나라를 여행했다고 생각했는데, 전혀 다른 느낌을 주는 북미대륙의 매력에 흠뻑 빠져 신나게 여행했다. 이래서 세상이 넓다고 하는 거구나! 도시를 옮길 때마다 달라지는 도시의 색과 공기를 한껏 느꼈다.

마지막 도시인 뉴욕에 도착하고, 영화 속 뉴요커에 빙의해 뉴욕에서의 '한 달 살기'를 시작했다. 뉴욕에는 밤낮으로 즐길 수 있는 무료 공연이나 문화 축제가 많았고, 그것들을 즐기며 지내다 보니 시간이 정말 빠르게 흘러갔다. 그렇게 신나게 축제를 즐기고 귀국을 2주 앞둔 시점이 되자 슬슬 걱정이 몰려왔다.

"한국에 돌아가서 뭘 해야 하지? 다시 회사에 들어가야 하나? 자신 없는데…? 그럼 사업을 해야겠다. 무슨 사업을 하지? 사업은 생각해본 적이 없는데…." 쳇바퀴 돌듯 답이 없는 고민의 연속이었다.

이 불안함은 여행 내내 마음 한구석에서 떠나지 않았다. 틀에 갇히지 말자고 계속해서 상기했지만 내 나이 30살이 무겁게 느껴지기 시작했다. 친구들은 5~6년 차 직장인이 되어 직함을 달았고 모아놓은 돈도 있는 것 같았다. 반면 나는 하고 싶은 것은 마음껏 하고 살았지만 30살에 사회 초년생으로 돌아가야 한다는 현실이 보이기 시작했다. 애매한 경력으로는 경력직으로 들어갈 수 없어, 신입으로 새로운 직장 생활을 시작하느냐, 아니면 전혀 새로운 나만의 일을 하느냐 하는 불안한 고민을 안고 한국으로 귀국했다.

• 드롭 쉬핑(Drop shipping)? 이런 신세계가!

어느 쪽도 결정하지 못한 채, 한국에 돌아와 한동안은 여독을 핑계로 푹 쉬었다. 그러나 이내 현실을 깨닫고, 손가락만 빨고 있을 수는 없으니 일단 카페에서 파트타임으로 일을 시작했다. 그리고 남는 시간에는 도서관이나 서점에 가서 책을 읽었다. 적극적으로 나의 길을 찾기 시작한 것이다. '책을 보면서 고민하다 보면 내가 원하는 길이 보이겠지.' 생각하며 그 일상을 반복했다. 시간이 흐를수록 이전 직장 생활의 기억들이 상기되며, 그때 발견한 진취적인 성향을 '내 일'에 쏟는 것이 좋겠다는 쪽으로 마음이 기울었다. 그러나 아직도 사업은 나에게 너무도 거대하게 느껴져서, 우선 내가 하고 싶은 일에 기준을 세우기 시작했다.

1. 한국이 아닌 해외 시장이 대상일 것
2. 장소와 시간의 자유가 있는 일일 것
3. 리스크가 적을 것

이런 일이 있을까, 싶었지만 기준을 정하니 서점에서 몇몇 책이 눈에 띄기 시작했다. 그중에서도 가장 눈에 띈 책은 『아마존 지금 해야 10억 번다』였다. 내가 아는 미국 아마존에서 직접 상품을 팔 수 있다고? 신기한 마음에 그 자리에서 책을 후루룩 다 읽었다. 그리고 저자가 활동하고 있는 네이버 카페에 들어갔다. 아마존 외에 라자다, 큐텐, 이베이 등 처음 듣는 이름도 있었다.

라자다는 동남아의 대표 온라인 마켓이었고 큐텐은 이베이코리아에서 만든 싱가포르의 온라인 마켓이었다. 네이버 카페 외에 블로그까지 찾아보니 이미 많은 사람이 아마존, 라자다, 큐텐, 이베이 등을 통해서 다양한 방법으로 돈을 벌고 있었다.

돈을 쓸 줄만 알던 나는 충격 아닌 충격을 받았다. 이런 방법으로도 돈을 벌 수 있다니! 호기심과 흥미, 그리고 조금의 의심까지 들었다. 우리나라에서 만든 제품을 온라인으로 미국이나 동남아에 파는 것도 신기한데, 미국 온라인 사이트에서 팔고 있는 제품을 동남아 온라인 사이트에 팔아 돈을 버는 사람도 있었다.

해외에서는 이런 것을 '드롭 쉬핑(Drop shipping)' 방식이라고 부르고 있었는데, 판매자가 재고를 두지 않고 주문을 처리하는 유통 방식을 말한다. 즉, 미국의 아마존에서 판매되고 있는 40달러의 수영복을, 싱가포르의 큐텐에서 60달러에 팔아 그 차액만큼 수익을 얻는 구조이며, 내가 이 수영복을 구매해서 가지고 있지 않아도 판매가 가능한 방식이다. 이렇게 드롭 쉬핑 방식을 알아보면서 이전에 써놓은, 하고 싶은 일의 기준 3가지에 모두 부합한다는 사실을 깨달았다.

"이거다! 게다가 리스크가 거의 없으니까 파트타임으로 일하면서 이 일을 병행하면 되고, 드롭 쉬핑이 잘되면 그때 파트타임 일을 그만둬도 되니까 일단 한번 해보자!" 이렇게 나는 온라인 판매의 세계로 뛰어들었다.

• 첫 판매의 즐거움

나는 하나에 꽂히면 그것만 파는 성향이다. '드롭 쉬핑 방식으로 온라인 판매를 해야지.'라고 결심하고, 그 당시 얼마 없던 드롭 쉬핑, 글로벌셀러에 대한 정보를 밤낮을 가리지 않고 다 읽었다. 무료, 유료 강의도 모두 찾아 들었다.

싱가포르의 큐텐, 말레이시아의 라자다와 11번가, 이렇게 세 군데 마켓에서 미국 제품을 판매해야겠다고 생각했다. 그 당시 '가본 적도 없는 싱가포르와 말레이시아 사람들에게 물건을 팔아야 한다니, 너무 무모한 결정인가?'라는 생각도 들었다. 그러나 칼을 뽑았으면 무라도 베어야 하니, 구글에서 싱가포르와 말레이시아의 소비 트렌드를 찾아 읽어보고 큐텐과 라자다, 11번가에서 어떤 상품이 베스트셀러인지 틈만 나면 찾아봤다.

당시 큐텐에서는 한국 화장품과 전자제품이 잘 팔렸고, 마침 큐텐 물류 센터가 한국에도 있다는 것을 알았다. 큐텐에 우리나라 화장품을 올리기 시작했다. 그리고 라자다와 11번가에는, 미국 아마존의 베스트셀러 위주로 상품을 업로드했다.

반응이 먼저 온 곳은 큐텐이었다. 첫 판매가 이뤄졌으니 확인하라는 메일을 받고 너무 기뻐서 방방 뛰었던 기억이 난다. 믿기지 않는 마음을 가라앉히고 할 일을 생각했다. 먼저 해당 제품을 가장 싸게 살 수 있는 온라인몰에 주문을 넣었다. 며칠 뒤 물건이 도착했고 집에서 직접 큐텐 배송 라벨을 붙여 국내의 큐텐 물류 센터로 보냈다. 이게 내가 하는 일의 다였다. 그 이후부터는 물류 센터에서 싱가포르 고객에게 보내는 시스템이었다. 제법 간단하고 편리한 과정이라 이후 몇 번의 주문 처리를 하면서도 '와, 이게 진짜 싱가포르 고객한테 간다고? 신기하다!' 이런 마음이 내내 가시지 않았다.

반면 라자다와 11번가에도 아마존의 베스트셀러 상품을 꾸준히 업로드했지만 한 달이 되도록 별다른 반응이 없었다. 아니, 한국보다 인구가 많다며 왜 이렇게 사는 사람이 없는 거야! 인내심이 한계에 도달할 때쯤 대량 등록 시스템을 알게 되었다. 말 그대로 상품을 대량으로 등록해주는 것인데, 특정 카테고리 페이지를 지정하면 그 페이지에 있는 상품 200개를 컴퓨터 프로그램으로 30분도 안 되는 시간에 라자다나 11번가에 올려주는 것이다.

아주 솔깃한 프로그램이지만 투자 비용이 필요했다. 설치 비용이 120만 원이고 월 사용료가 17만 원 정도였다. 꽤 큰 금액이었으나 수업료라 생각하고 이용해보기로 했다. 30분도 안 되는 시간에 100~200개를 올릴 수 있으니 하루를 꼬박 투자하면

1,000~2,000개도 가능했다. 업로드된 상품의 개수가 1,000개, 2,000개가 넘어가자 상품이 팔리기 시작했다. 적게는 하루에 2~3개가 팔리고, 많이 팔릴 때는 10~20개도 팔렸다. 판매 건수로 보면 많은 수는 아니었지만 개당 마진이 큰 편이었다. 하나를 팔아도 1만 원 전후, 많으면 10만 원 정도의 마진을 남기는 제품도 꽤 됐다.

그런데 이렇게 물건이 팔려도, 큐텐에서 물건을 팔 때처럼 마냥 기쁘지는 않았다. 프로그램을 이용해 상품을 올리다 보니, 상품이 팔려도 왜 팔렸는지 이유를 모를 때가 더 많았다. 또 초기 비용도 지불해야 했으며 월 사용료로 17만 원씩 나가다 보니 '이게 맞는 방법인가?'라는 생각을 하게 되었다.

대량 등록 프로그램의 단점을 잘 보완해서 사용하면 더없이 좋겠다는 생각이 들어, 말레이시아 국가에 관해서 공부하기 시작했다. 말레이시아는 동남아시아에서 세 번째 부국으로, 수도인 쿠알라룸푸르에 부자들이 몰려 있다. 꽤 비싼 상품들도 잘 팔린다. 국교는 이슬람으로, 무슬림의 비율이 높은 편이고 다양한 민족으로 구성된 다민족 국가이다. 이런 기본적인 내용을 정리하다가 눈에 띈 것이 있었다. 바로 무슬림이 많다는 것이었다. 무슬림은 교리에 따라 돼지고기를 먹지 않고, 율법에 어긋나지 않는 식품만 먹는다는 것이 생각났다. 그 식품을 할랄 식품(Halal food)이라고 부르는데, 분명 미국 아마존에도 있을 것 같다는 생각이 스쳤다.

바로 아마존에 들어가 할랄 인증(Halal certified)을 검색하니 관련된 수많은 제품이 있었고, 그 제품들에 할랄 인증 타이틀을 달아서 라자다와 11번가에 올리기 시작했다. 결과는 예상과 맞아떨어졌다. 기존 제품보다도 할랄 인증 타이틀이 붙은 제품이 꾸준히 판매되기 시작한 것이다. 할랄 인증 제품은 일반 식품만 있다고 생각했는데, 찾고 찾다 보니 영양제나 캡슐형 알약 같은 종류도 있다는 것을 알게 되었고 신체에 닿는 화장품 가운에도 할랄 인증이 붙어 판매되는 제품이 있다는 것을 알았다. 이 경험을 통해 상품을 판매할 때 타겟 분석이 얼마나 중요한지 깨닫게 되었고, 상품 소싱의 재미를 하나씩 느끼게 되었다.

글로벌셀링의 세계

전 세계적으로 인터넷과 물류 인프라가 보편화되면서 나라 간 경계 없이 다양한 형태로 상품을 판매할 수 있게 되었다. 전 세계를 상대로 상품을 판다는 것은 전 세계에 나의 매장을 여는 것과 동일하다. 그러므로 전 세계로 판로를 넓히는 것은 매출을 증대하는 매우 중요한 요소가 될 것이다. 이렇게 국가 간 상품을 판매하는 사람을 글로벌셀러(Global seller) 또는 크로스보더(Cross boder)라고 부른다. 글로벌셀러는 크게 3가지 형태로 나눌 수 있다. 각각 어떤 플랫폼을 이용하고 어떤 프로세스로 일이 진행되는지 자세하게 알아보자(직접 제조하거나 사입하는 경우도 있지만, 여기에서는 드롭 쉬핑 방식을 위주로 설명하겠다).

1. 해외 구매 > 국내 판매

일반적으로 많이 알고 있는 '구매대행'은 이 형태에 속한다. 해외여행을 다녀오면서 현지에서 싸게 판매하는 제품을 한국에 가지고 와서 팔고 싶었던 경험이 있을 것이다. 이러한 경우를 '핸드 캐리(Hand carry, 공공 교통 기관을 이용해 지정한 목적지까지 책임지고 배송하는 서비스를 말한다)'라고 하는데, 불가능한 것은 아니지만 미화 600달러 이하라는 가격 제한이 있다. 또, 입국 시 해당 제품에 대해 2시간에 걸쳐 일반 수입 절차와 수입 신고를 진행해야 하므로 판매에 제한이 생긴다.

그렇기 때문에 가장 많이 하는 형태는 각 나라의 온라인 판매 사이트를 통한 구매대행이다. 미국, 독일, 중국, 일본, 호주, 영국 등 해외 사이트에 있는 상품을 네이버 스마트스토어, 쿠팡, 11번가, G마켓 등 우리나라 온라인 판매 사이트에 올려 판매하는 것이다.

해외 사이트에서 바로 고객에게 보내는 직배송(이하 '직배') 형태로 상품을 보내기도 하고 배송대행지(이하 '배대지', 배대지에 대한 자세한 설명은 75쪽에 나온다)를 거쳐 고객에게 보내기도 한다. 배대지의 경우, 물건을 보내는 나라에 물류 센터가 있어서 그 나라 내에서

만 거래가 가능한 상품을 판매하거나 그 나라의 인프라를 더 편리하게 사용하기 위해서 이용하는 경우가 많다.

네이버의 해외직구 카테고리(https://shopping.naver.com/foreign/home)와 같이, 현지 제품을 직접 찾아서 사진을 올린 후 주문이 들어오면 해당 나라에서 고객에게 바로 보내주는 형태도 있다. 이 경우, 해외에 거주하는 한국인이나 가족, 친척이 상품을 담당하고 국내에는 CS를 담당하는 사람이 있는 형태이다.

2. 국내 구매 > 해외 판매

앞서 말한 구매대행의 반대 형태로 국내에 있는 제품을 해외 온라인 시장으로 판매하는 방식이다. 우리나라에서 제조한 상품을 팔거나 도매로 사입한 상품을 판매할 수도 있고, 오픈 마켓에서 판매되고 있는 제품을 드롭 쉬핑 방식으로 판매할 수도 있다. '해외에 거주하지도 않고 해외 시민권자도 아닌데 해외 플랫폼에서 판매할 수 있을까?'라는 의문이 들 수 있지만, 요즘은 국내외 온라인 판매 사이트에서 국내 거주자 외에도 해외 거주자와 글로벌셀러의 입점을 환영하는 추세이므로 생각보다 꽤 많은 곳을 이용할 수 있다. 또한 국내에서 수출을 적극적으로 장려하고 있어

지원 사업도 많고, 상품이 해외에 판매되면 수출로 인정되므로 관세 환급이나 부가세 영세율을 받는 등 다른 혜택까지 누릴 수 있다는 장점이 있다.

배송의 경우, 직접 배송을 한다면 안전한 우체국 EMS, DHL 국제 배송을 이용하고 해당 나라로 배송이 가능한 배대지를 컨택하여 진행하기도 한다. 또는 큐텐처럼, 온라인 판매 사이트에서 운영하는 국내 물류 센터가 있다면 해당 시스템을 이용하기도 한다.

그렇다면 국내 물건을 입점해서 판매할 수 있는 해외 판매 사이트를 알아보자.

● 아마존(https://www.amazon.com)

아마존은 세계 최고의 전자상거래 사이트이다. 미국을 비롯해 독일, 오스트리아, 프랑스, 중국, 일본, 인도, 브라질 등 많은 나라에 기반을 두고 있다. 아마존의 판매 방식에는 두 가지가 있는데, 직접 배송 방식과 FBA(Fulfillment by Amazon) 방식이다. 직접 배송은 주문이 들어오면 내가 직접 고객에게 보내는 것이고, FBA는 아마존 창고에 물건을 미리 보내두고 판매하는 방식이다. 드롭 쉬핑 방식으로 아마존에서 물건을 팔고 싶다면 직접 배송으로만 가능하다. 아마존 글로벌셀링 사이트(https://services.amazon.co.kr)를 이용하면 아마존 판매에 관련된 도움을 받을 수 있다.

● 이베이(https://www.ebay.com)

이베이는 세계 최대 규모의 오픈 마켓으로, 타 사이트보다 상품에 대한 규제가 덜 엄격한 편이다. 새 상품 외에 중고 제품, 리퍼 제품, 개봉만 한 제품 등 다양한 종류의 상품을 팔 수 있어서 가볍게 글로벌셀링을 경험하고 싶다는 생각이 든다면, 이베이에서 셀러 활동을 시작하는 것도 좋다. 나무위키에 '이베이'를 검색하면 '처음 거래 물품으로 고장 난 레이저 포인터를 등록했는데 그게 팔렸다. 구매한 이유를 물어보니 고장 난 레이저 포인터 수집가라고….'와 같은 내용이 있을 정도로 다양하고 특이한 물건을 파는 사람도, 사는 사람도 많은 곳이 바로 이베이다. 이베이코리아에서는 셀러를 위한 지원이 상당히 많은데, 셀러가 되기 위한 교육을 무료로 진행해주므로 관심이 있다면 적극적으로 활용하기를 추천한다(이베이 셀러 공식 지원 사이트: http://www.ebaycbt.co.kr).

● 쇼피(https://shopee.sg)

쇼피는 동남아시아의 대표 오픈 마켓으로 싱가포르를 비롯한 인도네시아, 말레이시아, 필리핀, 태국, 베트남 등에서 운영하고 있다. 모든 나라의 전자상거래에서 1위 또는 2위 점유율을 차지

하고 있어, 영어를 함께 사용하는 싱가포르와 말레이시아에 입점하여 셀러 활동을 시작할 수 있다. 쇼피는 모바일 최적화에 초점을 두어 동남아 시장 안에서 무서운 속도로 성장하고 있고, 동남아에서는 K-pop과 K-beauty의 수요가 여전히 많기 때문에 국내 관련 상품으로 도전할 가치가 충분히 있는 시장이다. 국내 제품을 해외에 팔 때 가장 걱정되는 것은 배송일 텐데, 쇼피의 경우는 국내에 물류 센터가 있어서 주문 제품을 말레이시아, 싱가포르 등의 고객에게 센터에서 직접 배송해주는 시스템으로 셀러의 부담을 덜어주고 있다. 또 2019년부터 쇼피코리아가 만들어지면서 역직구 셀러와 글로벌셀러 입점을 적극적으로 지원하고 다양한 프로그램을 제공하고 있다(https://shopee.kr).

3. 해외 구매 > 해외 판매

처음 시작했던 형태가 바로, 해외 사이트에서 해외 사이트로 판매를 하는 드롭 쉬핑 방식이었다. 제3국의 제품을 제3국에 파는 형태인데, 많이 알려진 방법이 아니라서 낯설게 느껴질 것이다. 한국 사람이 미국 제품을 싱가포르에 파는 것이 가능할까 싶지만 글로벌셀러의 입점을 허용하는 온라인 사이트라면 충분히 가능하다. 그래서 나도 미국 아마존의 제품을 라자다와 말레이시아 11번가에 팔 수 있었다. 이 방법은 제3국끼리의 물류 배송을 통해 이루어진다.

미국 내의 제품을 미국으로 판매할 수도 있다. 이미 많은 글로벌셀러가 이용하는 방식이다. 예를 들어 어떤 마우스를 이베이에서는 40달러에 최저가로 구할 수 있는데 아마존에서는 현재 50달러에 판매되고 있다면, 해당 제품을 아마존에 48달러로 올린 후 고객이 구매하면 이베이에서 사서 아마존의 고객에게 직배송해주는 방식이다. 판매 사이트는 아마존이나 이베이처럼 기존 온라인 판매 사이트가 될 수도 있고, 본인의 판매 홈페이지를 만들어서 판매할 수도 있다. 물론 미국에서 미국으로뿐만 아니라 다른 국가에서 국내로도 적용할 수 있는 방법이다. 많은 해외 셀러가 본인의 판매 홈페이지를 만들어서 이런 방식으로 판매를 하는데 이 부분을 가능하게 도와주는 사이트가 바로 '쇼피파이'라는 웹 사이트이다.

쇼피파이는 쉽고 빠르게 온라인 스토어를 제작해서 제품을 판매할 수 있게 시스템과 솔루션을 지원하는 이커머스 서비스이다. 온라인 판매 사이트를 처음 만드는 사람도 앱을 통해서 개발자 없이 만들 수 있게끔, 클라우드 구독형 서비스를 제공함으로써 세계 이커머스 시장에서 가장 높은 점유율을 확보하고 있다. 쇼피파이 또한 쇼피파이코리아(https://help.shopify.com/ko)라는 한국 지사를 운영하지만 현재 베타 버전이라 사용에 어려움이 있다. 그보다는 쇼피파이 사용자 카페(https://cafe.naver.com/shopifyplus/83)를 이용하는 것이 정보를 얻기에 더 효과적이다.

이렇게 다양한 방법으로 글로벌셀링을 할 수 있는 시대가 되었다. 나도 계속해서 새로운 셀링 방법과 시장을 확장할 수 있는 방법을 찾아보고 공부하고 고민한다. 코로나로 인해 전 세계 온라인 시장은 엄청난 성장을 하고 있다. 안정적인 인터넷 환경, 글로벌 물류 인프라의 확대, 전 세계적인 온라인 쇼핑의 증가세…. 글로벌셀링을 시작하기에 이보다 더 좋은 환경이 어디 있을까? 늦기 전에 더 넓은 글로벌 시장으로 뛰어들어보자.

4장

디지털 노마드, 그 꿈에 다가서다

4. 디지털 노마드, 그 꿈에 다가서다

● **디지털 노마드, 과연 꿈일까?**

'디지털 노마드'는 디지털(Digital)과 유목민(Nomad)을 합성한 신조어로, 공간에 제약을 받지 않고 디지털 기기를 이용해 재택이나 이동 근무를 하는 사람들을 말한다.

요즘처럼 온라인 기반이 잘 잡혀 있고, 특히나 코로나로 인해 온라인으로 하는 일이 많아진 시기에는 디지털 노마드 형식의 삶이 더는 꿈이 아니다. 전통적으로는 프로그램 개발자, 웹디자이너, 작가, 번역가 등이 디지털 노마드 직업군이었다면, 유튜버와 같은 크리에이터를 비롯해 온라인 셀러, 온라인 강사, 블로거, 어필리에이터 등 다양한 직군이 시간과 장소에 구애 없이 꾸준한 경제 활동을 하며 자유로운 삶을 영위할 수 있게 되었다.

내가 디지털 노마드라는 단어를 모르던 시절부터 디지털 노마드적인 삶을 원했다는 것을 뒤늦게 알았다. 시간과 장소에 구애 없이 일하는 삶, 그것이 내가 원했던 삶이었다.

구매대행과 드롭 쉬핑을 통해 어느 정도 매출이 나오자 파트타임으로 일하던 커피숍 일을 그만뒀다. 그 당시 디지털 노마드 뽕(?)에 취해 있던 나는 그 기분을 한껏 만끽하고 싶어서 어느 곳이 될지 몰라도 '한 달 살기'를 하기로 했다.

지금 생각해보면 약간의 허세도 있었던 것 같다. 유치하게도 "30살에 뒤늦게 시작한 일이지만, 그래도 나름 먹고살 만하다! 나 즐겁게 살고 있다!" 이런 것을 증명하고 싶었던 것 같기도 하다. 그것을 증명할 장소를 어디로 할까 고민하다가 디지털 노마드족에게 성지라는 태국의 치앙마이를 향해 떠나기로 했다.

● 치앙마이에서의 한 달

태국을 워낙 좋아해 5번 정도 여행을 다녀왔지만 치앙마이는 처음이었다. 게다가 여행이 아니라 일하며 머무른다고 생각하니 색다른 기분이 들었다. 시내에서 조금 떨어진 외곽에 콘도를 구하는 것이 경제적으로는 훨씬 저렴했지만, 운전면허가 없는 나에겐 그저 꿈같은 이야기라서 제법 깔끔한 호스텔을 이용하기로 했다.

해외의 경우, 우리나라보다 전반적으로 인터넷 환경이 열악하기 때문에 카페에서 일하는 것은 거의 불가능에 가까운 일이었다. 그 핑계로 궁금했던 코워킹 스페이스를 이용해보기로 했다. 코워킹 스페이스는 일종의 공유 사무실로, 다양한 분야의 작업을 하는 사람들이 한 공간에서 일하며 필요에 따라 서로 의견을 나눌 수도 있고 협업을 할 수도 있는 공간을 말한다. 지금은 꽤 많은 코워킹 스페이스가 생겨 낯설지 않지만, 그 당시 우리나라에는 거의 없던 형태라 치앙마이에서 그 공간을 경험해보고 싶었다.

가장 많이 이용한 곳은 치앙마이 시내 한가운데 있는 CAMP라는 곳이었다. 접근성이 좋아 거의 매일 가서 일했는데, 나 같은 디지털 노마드들이 와서 일하기도 하고 근처 대학생들이 와서 공부도 하는 공간이라 독서실 느낌도 났다. 보통 코워킹 스페이스는 일 이용권(Day pass)을 사서 이용하는 형태인데 이곳은 음료를 사면 와이파이 사용권을 제공해서 부담 없이 가게 되었다.

낯선 언어가 들려오고 이방인에 둘러싸여 일하는 기분이 짜릿했다. 색다른 환경이 되니 이상하게 일도 더 잘됐다. 그리고 이 기분을 계속 느끼고 싶어서 일을 더 잘하고 싶은 마음도 들었다. 내 삶의 방식을 잘 이해하지 못하는 아빠는 '한국에서 하면 되는 것을 왜 굳이 해외까지 가서 하냐?'고 말하고는 한다. 사람마다 다르겠지만, 여행과 일상의 중간을 느낄 수 있는 '머무는 여행'이 주는 힘은 엄청났다. 평소와 다른 환경에서 일하는 것만으로도 나에게는 동기부여가 됐고, 낯선 사람들과 낯선 공기는 내 삶의 영감이 되어 나를 앞으로 더 나아갈 수 있게 만들었다. 그렇게 내 삶은 내가 원하는 방향으로 흘러가고 있었다.

● 제주에서의 두 달

그렇게 여행과 일의 적당한 밸런스를 맞춰 살아가던 중, 제주 게스트하우스 스태프의 존재를 알게 되었다. 특별하고 다양한 경험에 관심이 많던 나에게 구미가 확 당기는 소식이었다. 제주도에 있는 게스트하우스에서 일을 하면서 숙식을 제공받는 형태였는데 일의 강도가 높지 않아 글로벌셀링 업무를 병행하며 함께할 수 있겠다는 생각이 들었다.

여러 군데 게스트하우스에 지원을 한 후, 근무 조건을 물어보니 보통 11~12시까지 조식 준비와 청소를 하고 그 이후에는 자유 시간을 보낸 후 오후 6시 이후에 저녁 식사 준비를 하면 되었다. 틈틈이 내 일을 할 수 있겠다는 생각이 들었다. 게다가 2일 일하고 2일 쉬는 스케줄이라 제주 여행도 실컷 할 수 있겠단 생각이 들어서 곧장 제주도로 날아갔다.

실제로 게스트하우스 스태프 일는 어렵지 않았다. 여유 시간도 생각보다 꽤 많았다. 쉬는 날에는 근처 카페에 가서 상품을 올리고 밀린 일을 처리했고 근무 날에도 핸드폰으로 틈틈이 주문 처리, CS를 할 수 있었다. 내 휴무 일정에 맞춰 친구들이 제주에 내려와 함께 여행하며 제주 곳곳을 한없이 돌아다니기도 했다. 일도 하고 여행도 하고 게스트하우스 스태프 일까지 하니 정말이지 24시간이 모자랐다. 하지만 내가 선택한 환경 안에서 내가 원하는 삶을 산다는 것 자체가 너무나도 큰 즐거움이어서 잠을 적게 자도 피곤하지 않았다. 오히려 제주에서의 두 달처럼 이렇게 만족스러운 삶을 지속하고 싶다는 마음으로 가득 차 내 삶에 대해서도 일에 대해서도 긍정적인 자극이 되었다.

● 디지털 노마드의 현실적인 장점과 단점

여행과 일의 밸런스를 맞춰 비교적 자유로운 생활을 하며 지낸 지 벌써 4년 차가 되었다. 스스로 이 삶을 꽤 만족스럽게 여기다 보니 주변에서도 '너처럼 살고 싶다.'라는 말을 종종 한다. 그러나 나는 이 삶의 방식이 모두에게 맞는다고는 생각하지 않는다. 직장 생활도 마찬가지지만 '디지털 노마드적인 삶'에도 장단점이 공존하기 때문에 과연 이 생활이 정말 꿈꿀 만한 삶의 형태인지, 현실적으로 장단점을 말해보려 한다.

디지털 노마드라고 하면 여행을 다니면서 일하는 것이 제일 좋지 않냐고 묻겠지만, 내가 디지털 노마드로 살아가면서 가장 감사하다고 느낀 순간은 사실 아팠을 때였다. 어느 날, 몸 상태가 의심되어 병원에 갔더니 멀쩡한 줄 알았던 몸이 무려 전신마취 수술을 해야 한다는 것이다. 걱정과 심란한 마음이 드는 와중에, 담당 의사의 수술 일정이 3개월간 차 있어서 그 이후에나 수술할 수 있다고 했다. 조급하고 답답했다. 혹시 몰라 '저는 언제든 시간이 다 가능하다.'고 말하니, 4일 뒤에 일정을 취소한 환자가 있다며 평일 오전인데 괜찮겠냐는 것이다. 당연히 된다고 하고 4일 뒤 수술을 무사히 진행할 수 있었다. 수술 후에도 컨디션에 따라서 몸조리를 하며 건강하게 회복할 수 있었다. 만약 회사에 다녔다면 갑작스러운 수술 날짜를 조정하는 것이 힘들었을 수도 있고, 회복되지 않은 몸으로 출근했을 수도 있다고 생각하니 시간과 장소에 구애받지 않고 자유롭게 일하는 것이 얼마나 감사한지 느끼게 되는 순간이었다.

또 가족에게 갑작스러운 일이 생겼을 때도 유동적으로 시간을 조율해 내가 어떤 역할을 할 수 있어 좋고, 여행을 갈 때 내 일정에 맞춰 비행기 티켓을 사는 것이 아니라 비행기 티켓이 싼 기간에 내 일정을 맞출 수 있어서 경비를 절약하는 데에도 도움이 되었다.

장점만 보면 분명 매력적이다. 하지만 모든 일이 그렇듯 장점만 존재할 순 없지 않은가. 현실적인 단점을 말해보자면 다음과 같다.

첫 번째는 시간과 장소에 구애 없이 자유롭게 일할 수 있다는 것이다. 이것이 왜 단점이냐고 물을 수 있지만, 이 말을 잘 해석해 보면 알아차릴 수 있다. 시간과 장소에 상관없이 자유롭게 일할 수 있다는 것은 언제 어디서든 일을 해야 하는 순간이 온다는 뜻이기도 하다. 실제로 나는 해외여행을 간 와중에 급한 고객 문의 건이 오면 호텔 방에 들어가서 해결하기도 했고 바쁜 시기에는 비행기를 타기 전까지 공항에서 일을 한 적도, 식당에서 밥을 먹다가 일을 한 적도 있다. 그래서 가끔 인터넷이 되는 환경이 족쇄처럼 느껴지기도 한다. 쉬는 시간이나 쉬는 날에도, 이동 중에도 습관적으로 주문이 있는지, CS가 들어왔는지 등을 확인하니 말이다.

두 번째는 24시간이 일로 채워진다는 것이다. 물리적으로 일을 하지 않는 시간에도 머릿속 한구석은 일에 관한 생각으로 가득 차 있다. 누가 시키는 것은 아니지만, 온전히 나의 일이어서, 책임감 때문인지 항상 일에 관한 생각이 떠나지 않는다. 물론 둘을 분리해 워라밸을 지키는 사람도 있겠지만, 주변에 나와 비슷한 일을 하는 사람을 만나 이야기를 해보면, 일과 생활을 분리하는 것이 힘들다고 호소하고는 한다. 초반에는 엄청난 에너지와 시간을 쏟아붓기 때문에 자는 와중에도 일을 생각하는 경우가 많다고 말한다.

디지털 노마드라는, 남들이 부러워하는 근무 환경에서 일한다고 할지라도, 내가 하는 일에 어느 정도의 열정이 없다면 하루하루가 굉장히 괴롭고 고통스러울 수 있다. 그래서 '이 일에 그만큼의 애정과 열정이 있는 걸까?'라는 질문을 던져 스스로 답을 구해야 한다.

 디지털 노마드를 단순히 시간과 장소에 구애 없이 컴퓨터나 핸드폰으로 일하는 사람이라고 정의할 수는 없다. 디지털 노마드는 직업이 아니라 하나의 삶의 형태이기 때문이다. 그렇기 때문에 디지털 노마드라는 꿈을 가지고 있거나 실제로 살아가고 있는 사람마다, 디지털 노마드에 대한 정의는 제각각일 것이다. 누군가는 시간과 장소에 구애 없이 일하는 것을, 누군가는 경제적 자유를 가진 것을 디지털 노마드라고 정의할 것이다. 내가 생각하는 디지털 노마드란 자신의 삶을 원하는 방향으로, 적극적이고 주체적으로 만들어나가는 것이다. 결국, 디지털 노마드라는 단어에 대한 맹목적인 목표보다는 내 삶의 형태를 어떤 방향으로 이끌고 싶은지 생각해보는 것이 더 중요하다.

일의 효율성을 높이는
유용한 디지털 도구 5가지

 구매대행을 시작하면 단순히 판매뿐만 아니라 사진 가공부터 상품 문의나 반품 취소와 같은 고객 서비스, 매출 관리, 배송 처리 등 생각보다 많은 업무를 혼자서 해내야 한다. 다행히도 요즘은 이커머스와 관련된 많은 서비스가 출시되어 다양한 도움을 받을 수 있다. 온라인 판매자들의 편의를 돕는 사이트와 서비스가 무수히 많은데, 그 서비스들을 얼마나 똑똑하게 사용할 수 있을지를 생각해야 한다. 그에 따라 업무 효율성이 달라질 수 있기 때문이다. 내가 유용하게 사용한 사이트와 서비스 툴 5가지를 소개한다.

● 아톡(http://atalk.co.kr)

구매대행을 하려면 고객 서비스를 위해 온라인 판매처에 전화번호를 등록해야 한다. 스마트스토어에 등록하는 번호는 상품 페이지에 노출되므로, 직장 생활을 하며 투잡으로 구매대행을 하면 이 부분이 불편할 수 있다. 이럴 때 전화번호가 직접적으로 노출되지 않게 할 수 있는 방법이 몇 가지 있는데, 그중 가장 추천하는 방법은 '아톡' 서비스를 이용하는 방법이다.

아톡은 월 2천 원대의 이용료를 지불하고 070 번호를 만들어

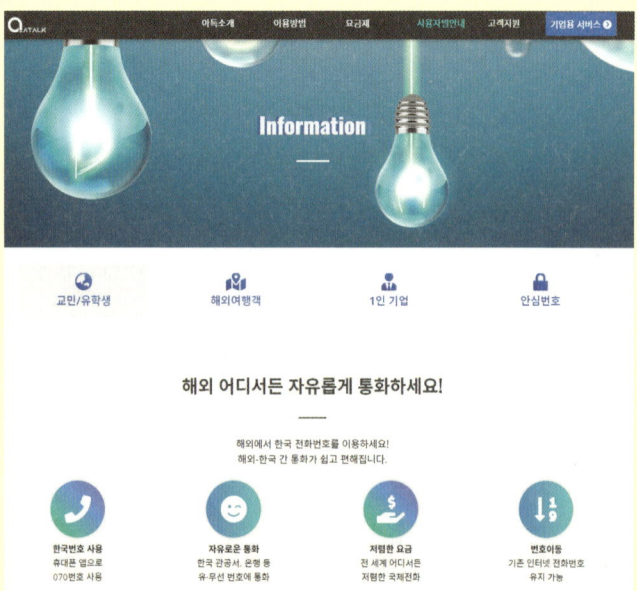

서 이용할 수 있는 서비스이다. 해외에서 한 달 살기를 하면서 구매대행을 할 때 실제로 사용했던 서비스로, 유료이지만 그만큼의 가치가 있다. 070 번호가 생성되어 개인 번호가 노출되지 않고, 해외에서도 문자와 전화 수신이 가능해 업무를 볼 때 굉장히 유용하다. 또 고객에게 070 번호로 연락함으로써 더 체계적이라는 인상과 신뢰감을 줄 수 있다는 장점이 있다.

● 캔바(https://www.canva.com/ko_kr)

스마트스토어를 개설하면, 스토어 이름과 더불어 스토어 이미지를 등록하라는 항목이 나온다. 스토어 이미지에는 일반적으로 로

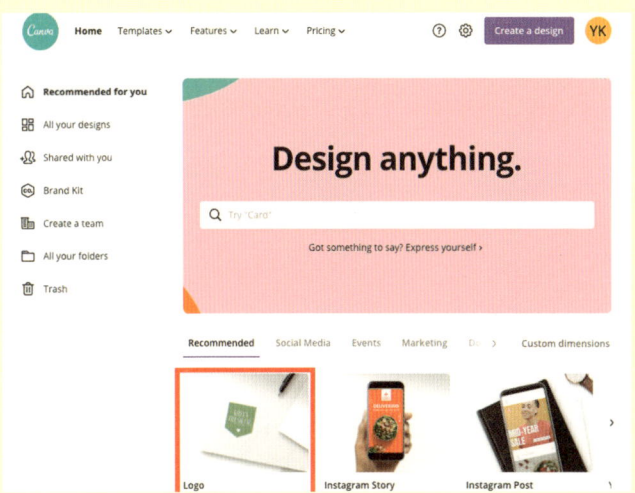

고를 넣어, 고객에게 스토어의 이미지를 심어준다. 물론 비어 있어도 무관하지만, 소비자의 관점에서 생각했을 때 이미지가 없어 회색빛 아이콘이 뜨는 것보다 로고가 있으면 더 신뢰가 가지 않을까? 그러므로 스토어 로고로 이미지를 등록하는 것을 권한다. 보통 스토어 로고를 만들어 등록하라고 하면 '포토샵의 ㅍ도 모르는데 어떻게 해요? 로고 디자인을 의뢰해야겠어요.'라고 생각할지도 모른다. 하지만 우리에게는 캔바라는 사이트가 있다. 포토샵을 못 해도 충분히 훌륭한 로고를 만들 수 있는 무료 사이트다.

캔바에 접속 후, 검색창에 'LOGO'를 검색하면 다양한 형태의 로고 템플릿이 나온다. 이 로고 템플릿에 마우스를 올리면 'free'라는 표시를 확인할 수 있는데 해당 템플릿은 모두 무료로 다운로드와 가공까지 가능한 템플릿이라는 뜻이다. 원하는 디자인의 로고 템플릿을 선택한 후 해당하는 글씨를 눌러 스토어 이름을 넣고 글씨체, 색, 위치를 바꿔 나만의 로고로 손쉽게 디자인할 수 있다. 또 캔바에는 로고 외에 웹 배너, 블로그 포스터 등 다양한 템플릿이 존재해서 스토어에 필요한 안내 문구나 공지를 예쁘게 편집하고 싶을 때도 사용하기 좋다. 포토샵을 어느 정도 할 수 있는 나 또한 시간 절약과 감각적인 디자인을 위해 캔바에서 대부분의 이미지를 가공하여 사용하고 있다.

● 포토스케이프(http://photoscape.co.kr/ps/main)

"스마트스토어에 이미지를 올리려면 포토샵을 잘 해야 하는 것 아닌가요?"는 자주 받는 질문 중 하나이다. 물론 포토샵을 할 줄 안

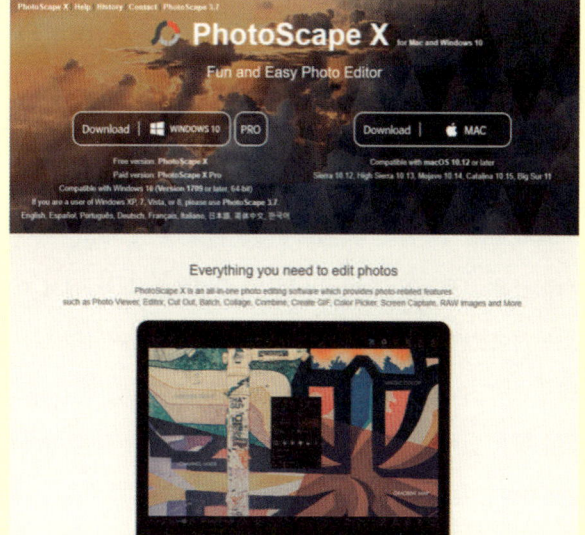

다면 이미지 가공을 수월하게 할 수 있는 것은 맞다. 하지만 포토샵이 아니더라도 스마트스토어에 올릴 이미지를 충분히 만들 수 있다. 바로 '포토스케이프'라는 프로그램을 이용하는 것이다. 포토스케이프는 무료 소프트웨어로, 검색하여 다운받을 수 있다. 포토샵보다는 단순하지만 크기 조절, 자르기, 색상 보정, 도형 삽입 등 필요한 기능은 대부분 있으므로, 초보자도 사용하기 쉽다. 만약 포토스케이프 사용 방법이 어렵다면, 유튜브에서 다양한 튜토리얼을 참고할 수 있다.

● 리무브백그라운드(https://www.remove.bg/ko)

이미지를 그대로 사용하는 구매대행의 경우, 원본 이미지를 어느 정도 가공해서 올리기도 한다. 원본 이미지에 배경과 상품이 함께 있거나 원하지 않는 텍스트가 함께 있을 때, 필요한 상품 이미지만 가지고 오기 위해서 흔히 '누끼'를 따야 한다. '누끼'란 필요한 피사체를 제외하고 필요하지 않은 부분을 제거하는 것을 말하는데 보통 포토샵을 통해 하나하나 수작업을 해야 해서 꽤 많은 노동력이 들어간다. 그런 수고로움을 덜 수 있는 사이트가 바로 리무브백그라운드이다. 별도 프로그램을 다운로드하거나 회원가입할 필요 없이 사이트에 접속하여 누끼를 따고 싶은 이미지를 업로드하면 1~2초 후, 배경 없이 원하는 상품만 남아 있는 이미

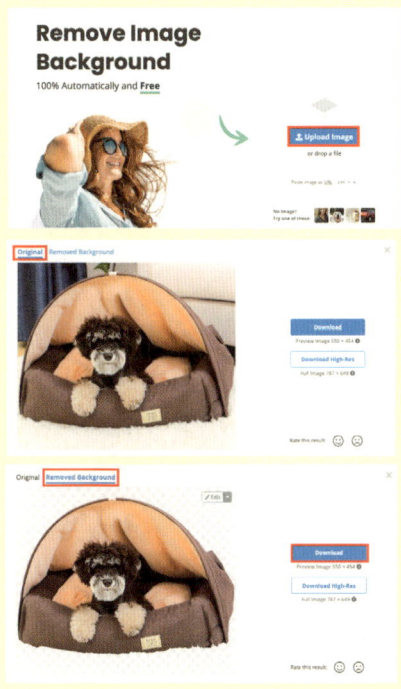

지를 볼 수 있다. 이렇게 나온 이미지에 내가 원하는 배경을 입히거나 상품 설명 등을 더해서 나만의 상품 이미지로 만들 수 있는 유용한 사이트이다.

● 배대지(배송대행지)

구매대행은 고객에게 상품을 직배송할 수도 있지만, 배송료 절감, 현지 주소 사용, 검수 등의 이유로, 배대지를 이용해 상품을 고객에게 보낸다. 배대지란 배송을 대행해주는 업체로 현지 물류 센터가 있고 상품 검수, 재포장 등의 서비스를 제공하는 곳이다. 단순히 배송 서비스만 진행하는 곳이 아니라 그 외에도 현지 배송사와의 커뮤니케이션을 해주고, 관세청과 통관청에서 일어나는 이슈를 판매자에게 알려주며 해결하는 데에 도움을 준다.

즉, 판매자에게 든든한 조력자가 되어준다. 그렇기 때문에 좋은 배대지를 고르는 것이 매우 중요한데, 배대지를 찾을 때는 '해당 나라+배대지' 키워드로 검색하여 찾을 수 있다. 그런데 이렇게 검색하면 매우 많은 배대지가 나와 오히려 혼란스러울 수 있다. '대체 이렇게 많은 배대지 중에서 나와 잘 맞고 좋은 곳은 어디일까?'라는 생각이 든다. 배대지를 고를 때 무엇을 체크해보면 좋을까?

먼저 배송 요금을 비교해봐야 한다. 배송 요금은 우리가 흔히 알고 있는 국내 배송사의 요금 체계와 비슷한데 무게, 부피 등에 따라서 달라진다. 기본요금 외에 부과되는 부가 서비스 요금까지 확인하고 비교하여 결정해야 한다. 합 배송, 분리 배송, 물류 센터 보관, 완충 서비스 등 배대지마다 제공하는 부가 서비스의 종류가 다르고 서비스에 따른 가격 또한 모두 상이하므로, 자주 이용하는 서비스를 요청했을 때를 기준으로 배송 요금을 비교할 필요가 있다.

그리고 배대지의 고객 센터 응답속도를 확인해야 한다. 구매대행을 하며 고객에게 받는 질문이나 문제의 꽤 많은 부분은 배대지를 통해서 해결할 수 있다. 즉, 우리가 배대지 고객 센터에서 어떤 답변을 얼마 만에 받느냐에 따라 우리의 고객 서비스 또한 갈릴 수 있다는 것을 뜻한다. 그러므로 배대지 고객 센터와 연락이 잘 되는지 답변이 오는 속도를 체크해보는 것이 좋다.

초반에는 번거롭더라도 다양한 배대지의 조건을 비교하고 직접 상품을 배송해보면서 그들의 대응 방법이나 일 처리 방법을 겪어봐야 나에게 맞지 않는 배대지를 거를 수 있고, 잘 맞는 배대지를 찾아낼 수 있다.

5장

글로벌셀러, 국내 스마트스토어를 열다

5. 글로벌셀러, 국내 스마스토어를 열다

● **WHERE IS MY MONEY?**

11번가 말레이시아와 라자다의 매출은 꽤 안정적이었다. 예상보다 말레이시아 고객들은 가격대가 높은 상품에 구매력이 있었다. 우리나라와 마진을 비교했을 때, 적게는 1.5배에서 많게는 4~5배까지도 차이가 나는 상품이 꽤 있었다. 예를 들어, 미국에서 20달러에 판매되는 상품을 한국에서 40달러에 판매했을 때 구매한다면, 말레이시아에서는 60~80달러에 판매해도 구매하는 것이다. 이렇게 어떤 상품의 마진이 클 경우에는 주문 처리 건수가 적더라도 효율적으로 운영할 수 있다. 앞으로 동남아 시장을 어떻게 확대할 수 있을지 고민하기 시작했다.

그런데 언젠가부터 11번가 말레이시아를 운영하면서 이상한 점을 느꼈다. 상품을 판매한 대금이 한 주가 밀려서 정산되기 시작하더니 2주, 한 달…, 계속해서 정산이 밀렸다. 처음 1~2주 정도는 시스템의 문제라고 생각했다. 그러나 이 일이 반복되고 정산 주기가 한 달이 넘어가기 시작하면서 불편함의 문제보다도 비용에 문제가 생기기 시작했다. 관련 기사를 찾아보고 글로벌셀러 카페를 둘러보니 다들 이런 문제를 겪고 있었고, 동남아 마켓에서 11번가의 실적 부진으로 인해 인수 절차가 진행 중이라는 사실을 알게 되었다. '아, 뭔가 잘못되어가고 있구나!' 그제야 심각한 문제로 느껴지기 시작했다. '새로운 곳으로 인수된다고 하지만 과연 제대로 시스템이 돌아갈까?'라는 의문이 피어났다.

비슷한 시기에 라자다에서도 정책 변화가 있었다. 라자다 측은 한국 셀러가 미국 제품을 판매하는 방식을 원하지 않는다며 한국 셀러의 가입과 활동에 제한을 두기 시작했다. 물론 이미 가입을 해서 판매하고 있던 나에게는 제재가 가해지지 않았지만, 11번가 말레이시아의 상황이 겹쳐 보이며 불안해지기 시작했다.

얼마 되지 않아 11번가는 말레이시아 사업을 접고 'Presto mall'이라는 이름으로 다른 회사에 인수되었다. 그 과정에서 300만 원 정도의 정산금이 꼼짝없이 묶여버렸다. 기존의 고객 센터와 변경된 고객 센터에 번갈아 메일을 보냈지만 '지금은 정산 시스템이 고장 나서 모든 것을 수기로, 차례대로 해결하고 있어요. 조금만 기다려주세요.'라는 답변을 받았다. 결과적으로 정산금 300만 원은 기억에서 희미해질 무렵인 6개월 뒤에 입금되었다.

● 스마트스토어, 시작해볼까?

말레이시아 11번가에서 정산금 문제로 마음고생을 하면서 새로운 길을 찾아야겠다고 생각했다. 아직 온라인 마켓 시스템과 인프라가 부족한 동남아 마켓을 유지하기에는 위험 부담이 크다고 느껴졌다. 그래서 국내뿐만 아니라 미국, 유럽의 온라인 마켓 등 다양한 국내외 마켓을 알아보기 시작했다. 그러던 어느 날, '닌텐도 스위치 정발(정식 발매)'이라는 실시간 검색어를 보게 되었다. 해당 검색어와 관련된 기사가 많았는데, '3월에 일본과 미국에서 먼저 출시되어 800만대 이상이 팔린 닌텐도 스위치가 12월 1일에 우리나라에서 정식으로 발매될 예정이다.'라는 내용이었다. 게임에 문외한이라 어떤 의미인지 크게 와닿지 않아서 '그렇구나.' 하는 정도로 넘겼다. 그런데 당일, 다음 날, 그리고 그다음 날까지도 실시간 검색어에는 '닌텐도 스위치', '닌텐도 스위치 정발' 등의 검색어가 10위권 안에 계속 들었다. 나만 빼고 모두가 열광하는 느낌이었다. '이렇게 많은 사람이 닌텐도 스위치를 산다면 그와 관련된 액세서리 또한 많이 팔리지 않을까?'라는 생각이 문득 들었다. 그 당시 미국에서 상품을 소싱(무엇을 팔지 정하는 것을 의미하며 이에 관한 자세한 설명은 워크북에 나온다)하여 동남아 마켓에 판매하고 있었기 때문에 닌텐도 스위치가 이미 팔리고 있는 미국 사이트에서는 닌텐도 스위치 관련 액세서리를 어렵지 않게 찾아볼 수 있었다. 워킹홀리데이를 가기 전에 네이버 블로그를 운영했던 적이 있는데 네이버 스토어팜(현재의 스마트스토어)은 블로그와 유사해서 어렵지 않게 시작할 수 있다는 이야기를 들은 적이 있었다. 이번이 새로운 기회가 될 수 있겠다는 생각으로 무작정 스토어팜을 시작했다. 이것이 나의 국내 온라인 마켓 입성이었다.

● 온라인 판매, 그거 레드오션 아니야?

원하는 사업 조건 3가지를 적으면서, 그리고 온라인 마켓을 시작하면서, 국내 마켓은 절대 하지 않겠다고 다짐했었다. 온라인 판매 시장은 이미 스토어팜을 비롯해 티켓몬스터, G마켓, 옥션,

11번가, 위메프 등 다양한 플랫폼이 존재했고 활성화되어 있었기 때문에 지금 시작하기에는 너무 늦은 '레드오션' 시장이라고 생각했다. 하지만 과연 온라인 마켓은 그 당시 레드오션이었을까? 아니다. 틀렸다.

이 사실을 깨달은 것은 스마트스토어를 시작한 후였다. 아무리 블로그와 유사하다고 해도, 스토어의 매뉴얼은 또 달라서 처음 이틀은 2~3개 정도의 닌텐도 스위치 액세서리만 업로드할 수 있었다. 그런데 업로드하고 이틀째 되던 날, 첫 판매가 일어난 것이다! 믿기지 않았다. 상품이 5개뿐인데 판매가 된다니, 마치 이름 모를 시골 마을 구석의 간판도 없는 구멍가게에 손님이 찾아온 기분이었다.

신기한 기분으로 주문 처리를 하고 나서 그날 밤 생각했다. 그동안 레드오션이라고 굳게 믿었던 이유는 무엇일까? 정말 온라인 판매 시장은 아직 가능성이 있는 걸까?

판매자의 관점에서 온라인 마켓으로 진입할 것만 생각했던 게 문제였다. 판매자가 많아진 것은 사실이지만 온라인 마켓 이용자 또한 2~3배가 넘는 성장세를 보였다. 레드오션 시장임을 판단할 때는 수요와 공급을 모두 고려해야 하는데, 온라인 마켓은 공급의 상승세보다 수요의 상승세가 더 가파른 형태를 보였기 때문에 레드오션 시장이라고 말하기엔 어려움이 있었다. 전체적인 시장 상태를 객관적으로 판단해야 했는데 그렇지 못한 것이다.

● 최저가만 팔리는 거 아니에요? 유통 무식자의 깨달음

첫 판매 이후 마치 누군가가 '거봐, 아직 가능성 있지? 그러니까 열심히 해.'라고 말하는 것 같았다. 그래서 시간이 나는 대로 상품을 올리고 국내에서 어떤 상품이 잘 팔리는지 찾아보고 고민했다. 처음에 올린 상품이 게임 액세서리류다 보니, 평소에는 관심도 없고 잘 알지도 못하는 게임용품, 컴퓨터용품으로 상품을 확장하게 되었다. 그러다가 더 다양한 상품군을 올렸을 때 고객의 반응을 보고 싶어 연말, 연초 시즌에 맞춰 인공지능 장난감, 어른과 어린이가 함께 쓸 수 있는 장난감류를 업로드했다.

인공지능 장난감은 꽤 반응이 좋았다. 20만 원대 중반 정도였는데 업로드 이후 매일 꾸준히 판매되었다. 당시 같은 상품군 판매자는 10명 정도 있었는데, 각자 올리는 가격대는 미세한 차이가 있었지만 비슷했다. 최저가는 24만 원, 최고가는 27만 원 정도였다. 내가 만족할 수준의 마진과 다른 판매자들의 가격대에서 벗어나지 않는 25만 원으로 가격을 정했다. 사실 그렇게 가격을 정하고 조금은 걱정했다. 유통 무식자이자 초보 판매자인 나는 '낮은 가격순으로 정렬하면 소비자도 더 저렴한 가격이 있다는 걸 다 알 텐데, 과연 24만 원짜리가 아니라 25만 원짜리를 살까?'라는 생각이 한 켠에 있었다.

그러나 상품은 꾸준히 팔렸고 궁금함을 참지 못한 어느 날, 상품 문의를 한 고객에게 되물었다. "혹시 이 상품을 어디서 보고 문의한 것인지 여쭤봐도 될까요?" "검색해서 이것저것 보다가 이미지를 누르니까 이 사이트가 나오던데요. 무슨 문제가 있나요?" 당연히 쇼핑몰 검색을 통해서 들어올 줄 알았는데 이미지 검색에서 유입된 것이다. 어떤 고객은 유입 경로를 블로그라고 답해서 '블로그에 제품 글을 올린 적이 없는데 무슨 소리지?'라고 생각했더니, 누군가가 해당 제품 설명을 쓰면서 판매처 링크로 내 스토어 주소를 올렸다는 것을 알게 된 적도 있었다.

이후, 스마트스토어 대시보드에서 마케팅 분석 메뉴를 통해 고객이 어떤 채널로 들어와서 상품을 구매하는지 확인할 수 있다는 것을 알게 되었고, 네이버 안에서도 통합검색, 네이버쇼핑, 모바일 메인, 쇼핑몰 검색 광고, 웹 사이트 등 고객은 매우 다양한 경로를 통해서 상품을 접한다는 것을 알 수 있었다.

소비자가 유입되는 경로는 단순히 1~2가지만 있는 것이 아님을 배울 수 있었다. 모든 소비자가 네이버 통합검색창에서 필요한 상품의 키워드를 검색하고 낮은 가격으로 정렬한 후 구매를 결정한다고 생각했다. 모두가 최저가 상품만 살 것이라는 착각을 하게 된 결정적인 생각이었다. 그러나 어떤 사람은 리뷰가 가장 많은 상품을 구매하고, 어떤 사람은 가장 상단에 노출된 상품을 구매한다. 또 어떤 사람은 블로그도 찾아보고 동영상 리뷰까지 본 후 그중에서 마음에 드는 상품을 산다. 상품을 검색하고 구매하기까지의 과정은 여러 가지 루트가 존재한다. 그러므로 요즘처럼 판매 채널이 다양할 때는 소비자의 유입 경로를 하나의 루트로 단정 짓는 어리석은 판단을 해서는 안 됐고, 이로 인해 나는 조금 더 넓은 생각과 관점을 가지게 되었다.

구매대행이 가장 현실적인 투잡 아이템인 이유

당신이 판매자라고 가정하고 하나의 질문을 던지겠다. A라는 상품은 2만 원의 수익이 나고 B라는 상품은 5천 원의 수익이 난다. 어떤 상품을 팔고 싶은가? 아마 A 상품이라고 답했을 것이다. 이왕 판다면 수익이 많이 나는 상품을 판매하고 싶을 것이다.

그렇다면 질문을 조금 바꿔보겠다. A 상품은 판매될 경우 2만 원의 수익이 나지만 판매되지 않을 가능성이 매우 크고 초기 비용이 들어간다. B 상품은 판매될 경우 5천 원의 수익이 나지만 판매될 가능성이 높은 편이며 초기 비용이 들어가지 않는다. 어떤 선택을 하겠는가? 많은 사람이 B 상품으로 선택을 바꿨을 것이다.

이유는 간단하다. '스마트스토어를 시작했대! 구매대행으로 얼마 벌었대!'라는 이야기를 들어본 적은 있지만, 막상 온라인 판매를 시작하려고 하니 두려움이 생긴다. 그래서 리스크는 최소한으로 하고 작게 시작해서 점점 규모를 키우고 싶어 한다.

그런데 '스마트스토어를 시작해야지!'라고 생각만 할 뿐 어떤 방법으로 상품을 소싱하며 유통 구조가 어떻게 다른지, 기초적인 유통에 관해서는 파악하지 않고 무턱대고 시작하는 경우가 많다. 이렇게 기초적인 유통을 모른 채 유튜브에서 들은 이런저런 정보들이 뒤섞인 상태로 시작하면 가는 길의 방향성을 잡지 못해 자꾸만 멈추거나 옆길로 새게 된다.

그래서 간단히 사입, 제조, 그리고 구매대행의 개념을 정리하고 본인이 원하는 형태가 무엇인지 정확히 파악하는 것이 좋다.

'사입'은 만들어진 상품을 판매자가 먼저 구매해서 재고를 가지고 있다가 고객에게 주문을 받으면 해당 상품을 배송해주는 형식을 말한다. 사입의 장점은 물건을 한꺼번에 싸게 사 올 수 있고 그렇기 때문에 마진율이 비교적 높은 편이라는 것이다. 그에 비해 단점은, 최소 구매 수량이 존재하므로 초기 비용이 어느 정도 들고 물건이 판매되지 않을 경우에는 그 물건을 모두 판매자가 감수해야 한다는 리스크가 있어 심리적으로 부담될 수 있다는 점이다.

'제조'는 반만 완성된 제품, 또는 디자인한 제품을 공장에 의뢰해서 온전한 내 제품으로 만드는 형식을 말한다. 제조나 제작은 내 브랜드 제품이기 때문에 사입이나 구매대행에 비해 높은 부가 가치가 있어 마진율이 월등히 높은 편이다. 그리고 하나의 제품이 아니라 브랜딩을 하는 것이므로 장기적으로 봤을 때 제품의 수명이나 부가 가치 측면에서 굉장한 강점이다. 반면 단점은 사입과 마찬가지로, 재고를 부담해야 하며 브랜딩을 위해서 마케팅이나 고객 서비스 등과 같은 일에 지속적인 비용을 투자해야 한다는 것이다. 또 보통 주문 제작을 기반으로 하므로 사입보다도 최소 주문 수량이 높은 편이다. 기본적으로 최소 주문 수량이 500개 이상이며, 판형을 새로 제작할 때는 최소 주문 수량이 훨씬 올라가므로 초기 비용에 대한 부담이 가장 크다.

그렇다면 구매대행은 무엇이고 어떤 장점이 있을까? '구매대행'은 구매를 대행해주는 서비스업으로 해외 사이트에 있는 상품을 스마트스토어나 우리나라의 오픈 마켓, 소셜 마켓에 상품을 업로드한 후, 고객이 구매하면 해당 상품을 해외 사이트에서 결제하여 고객에게 보내는 형태이다.

구매대행의 첫 번째 장점은 상품이 없는 상태에서 고객이 먼저 주문을 하면 고객에게 상품을 바로 보내는 방식인 무재고 시스템이라는 것이다. 심리적으로 부담이 덜할 뿐만 아니라 상품을 보관할 공간적인 부담 또한 없다.

두 번째 장점은 지속적인 투자 비용 없이 상품을 소싱할 수 있어서 상품 소싱이 무제한으로 가능하다는 것이다. 사입과 제조의 경우에는 앞에서 말한 것처럼, 새로운 상품을 런칭하고 선보이기 위해서는 샘플을 구매하거나 재고를 어느 정도 확보해야 하므로 초기 비용이 필요하다. 그러므로 투자금이 얼마나 있는지에 따라서 상품 소싱에 제한이 있는데, 구매대행의 경우는 해외 사이트에 있는 상품의 소스를 이용해서 스마트스토어나 우리나라의 온라인 마켓에 업로드만 하면 되므로 투자 비용 없이도 아이템을 무제한으로 소싱할 수 있다.

세 번째로 사입과 제작·제조 상품의 경우, 상품을 판매하기 전까지의 기간이 꽤 긴 편이다. 상품을 수입하거나 제작하는 기간과 상품 사진을 찍고 그 사진을 바탕으로 상세페이지를 만드는 과정이 적게는 2주에서 길게는 2달이 걸린다. 그에 비해 구매대행은 해외 사이트에 있는 상품의 이미지 소스를 가공해서 상세페이지를 제작하므로 그 과정이 현저히 짧고 어렵지 않다는 장점이 있다. 상품을 빨리 업로드한다는 것은 판매자의 시간을 단축한다는 점에서도 장점이며, 동시에 소비자에게 상품을 빠르게 선보인다는 의미에서도 메리트가 있다. 현재 온라인 시장에서 아이템의 주기가 점점 빨라지고 있어서, 새로운 아이템을 빠르게 업로드하고 소비자의 반응을 빠르게 확인할 수 있는 것은 구매대행의 또 다른 장점이라고 볼 수 있다.

마지막으로 네 번째 장점은 미국, 중국 등 해외에 있는 아이템을 소싱해서 국내에 판매하므로 전 세계의 아이템 동향을 전반적으로 읽을 수 있다는 것이다. 나만 해도 미국과 중국, 유럽 등에서 상품을 소싱해 판매하다 보면 나라마다 특성이 있는 아이템이 무엇인지 파악할 수 있게 되고 요즘 전 세계적으로 인기 있는 상품들, 그리고 현재 우리나라에 없는 아이템이 눈에 보이기도 한다. 그렇게 지속해서 보다 보면 아이템에 대한 전반적인 이해가 폭넓어지는 것을 느낄 수 있고, 이를 통해 추후에 사입이나 제조로 온라인 판매 사업을 넓힐 기회를 잡을 수도 있다.

6장

초짜 사업가, 번 만큼 돈이 증발했다

6. 초짜 사업가, 번 만큼 돈이 증발했다

● 물건을 다 버리라고요?

 해외 판매는 익숙해졌지만 국내 판매는 또 달랐다. 제로 베이스에서 다시 시작하는 기분이었다. 아무것도 모른 채 무작정 시작한 스마트스토어와 구매대행은 하루하루가 배움의 연속이었다. 정산은 언제 되는지와 같은 아주 작은 것부터 반품 절차를 어떻게 처리하는지, 어떤 제품은 항공 운송이 되고 어떤 제품은 안 되는지 같은 큼지막한 법적인 문제까지…. 매일 새로운 일이 생겼고, 찾아보고 공부하고 배워갔다. 그중에서도 기억에 남는 역사적인 사건이 몇 가지 있는데, 가장 기억에 남는 건 판매하던 상품을 몽땅 버린 일이다.

그 당시, 판매하던 상품 중 휴대용 UV 살균기가 있었다. 휴대용 UV 살균기는 손톱깎이나 족집게, 네일용품처럼 작은 크기의 집기류를 소독할 수 있는 제품이다. 그때의 업소용 살균기는 대부분 큰 사이즈였기 때문에, 작고 휴대가 가능한 제품을 찾는 사람이 있을 것이라고 판단했다. 개인 고객이 대부분이었기 때문에 주로 1개씩 판매되었는데 어느 날, 한 고객이 6개를 주문했다. 주소를 보니 ○○네일샵이었다. 네일샵을 개업하면서 직원들에게 전용 살균기를 나눠주기 위해 주문한 것이었다. 미국 아마존에서 소싱한 제품이었는데, 그 당시 중국 구매대행도 시작해볼까 생각하던 시기였다.

혹시나 해서 미국 아마존의 상품 이미지를 중국 사이트에 검색해보니 똑같은 제품이 있었다. 게다가 중국 사이트 내 프로모션 기간이어서 5불이나 저렴했다. 모양과 로고까지 동일한 제품이라 중국에서 상품을 주문해 고객에게 보내기로 했다(이후에 알게 된 사실이지만, 아마존 셀러들은 중국에서 상품을 제작해오기 때문에 비슷하거나 동일한 상품이 꽤 있다). 무사히 고객에게 상품이 전달되고 잘 쓰고 있다는 후기가 올라오자 몇 주 뒤, 다른 네일샵을 운영하는 분께서 5개를 주문했다. 다시 중국 사이트에 들어가니 프로모션 기간이 끝났고, 오히려 미국 사이트의 가격이 더 저렴해 그곳에서 주문해 배대지로 보냈다. 당연히 상품이 고객에게 무사히 도착한 줄 알고 있던 어느 날, 모르는 번호로 전화가 왔다.

"○○○이라는 곳 운영하시는 분 맞나요? 저희는 통관청입니다." 통관청에서 직접 전화가 오다니 무슨 일인가 싶었다. "휴대용 UV 살균기를 ○○○님 이름으로 5개 가지고 온 거 맞죠? 해당 제품이 무엇으로 작동되나요?" "건전지로 작동된다고 알고 있어요." "그렇다면 전자파 인증과… 인증을 받으시겠어요?" 몇 가지 인증을 받아야 한다고 말씀해주셨는데 전자파 인증을 제외하곤 어떤 내용이었는지조차 기억이 나질 않는다. 무식하면 용감하다고 간단한 일이라고 생각했고, 당당히 물었다. "인증은 어떻게 받는데요? 비용이 얼마죠?"

그러자 오히려 직원분이 당황하시며 차분히 설명을 해주셨다. "지금 회사가 아니라 개인이 스토어를 운영하시는 거죠? 부담이 좀 크실 텐데 기본적으로 전자파 인증만 200만 원 초반 정도 예상하셔야 해요." 나는 너무 당황한 나머지 전화를 끊어버렸다. 갑자기 머릿속이 하얘졌다. 중국에서 가져온 동일한 상품 6개는 아무 문제 없었는데 이번에는 왜 갑자기 인증을 받아야 한다는 거야? 갑자기 법이 바뀐 거야? 다시 전화해서 물어볼까? 생각이 멈추질 않았다. 그 와중에 한 달 전 중국에서 고객에게 보낸 상품에 관해서 물으면 그마저도 다시 인증을 받거나 벌금을 내라고 할까 봐 말하지 않기로 했다. 자포자기하는 마음으로 다시 전화를 걸었다. "만약 인증을 안 받으면 어떻게 되나요?" "통관이 가능한 1개를 제외하고 나머지 4개는 폐기 처리됩니다. 해외로 반송도 불가능합니다." 물건을 버리라니…. 내가 먼저 구매한 후, 고객에게 보내는 것이기 때문에 온전히 나의 손해였다. 그러나 10만 원 남짓의 수익을 위해 200만 원의 인증 비용을 쓸 수는 없는 일. 답은 정해져 있었다. "폐기해주세요."

고객에겐 사정을 말하고 1개는 그냥 드리겠다 하며 전액을 환불 처리했다. 원가 6만 원 정도의 제품 5개니 30만 원 정도 되는 돈을 그대로 날린 것이다. 너무 아까웠다. 그러나 구매대행을 시작하며 알아본 한 달 코스 수업료가 50만 원이었던 것이 기억났다. 아, 수업료다. 내가 부딪히고 경험하며 배우고 있구나! 무한 긍정 회로를 돌렸다. 그 당시 나는 꽤 고가의 제품들을 많이 다뤘는데 100만 원짜리 제품 6개가 아닌 것이 얼마나 다행인가, 이런 생각을 하기도 했다. 이후 오래 알고 지낸 배대지 사장님과 통관청, 그리고 자주 접하는 분들의 이야기를 들으니 통관의 경우, 전기용품처럼 하루 1인당 1개라고 정해져 있는 정확한 규정을 제외하고는 그날의 통관을 담당하는 직원들의 소관이라고 했다. 이후, 통관에 관해서는 조금 더 보수적으로 다가갔고, 모르는 것이 있으면 적극적으로 배대지에 물어보거나 관세청이나 통관청 자료를 찾아보게 되었다.

● 어린이제품이 이렇게나 무서운 거였다니!

연말이 되자 연말연시 선물들이 눈에 많이 띄었다. 곧 크리스마스라 어린이 장난감을 찾아보니 많은 사람이 미국이나 유럽에서 장난감을 직구하고 있었다. 직구를 많이 한다는 것은 구매대행으로도 상품성이 꽤 있다는 뜻이었다. 미국에서 유명한 장난감 브랜드를 조사해서 상품을 업로드하기 시작했다. 예상은 적중했다. 올린 날부터 상품이 계속 팔리기 시작한 것이다. 고백하건대, 처음에 올렸던 닌텐도 스위치 액세서리부터 시작해 어린이 장난감까지 상품을 올리기만 하면 팔리니 "사주에서 사업하라고 하던데 그게 진짜 맞나? 나 진짜 사업에 자질 있나 봐." 이런 생각에 취했다. 그러나 이건 정말이지 건방진 생각이었다.

인공지능 로봇을 비롯한 어린이 악기, 인형 등 다양한 어린이제품을 팔고 있던 어느 날, 태어나서 처음 들어보는 한국전기안전협회인지 한국안전전기공사인지 하는 곳에서 연락이 왔다(산업통상자원부 산하의 기관으로 명함까지 받았었는데 여전히 정확히 기억이 나질 않는다). 신문고를 통해 내가 판매하고 있는 제품들이 지속해서 신고가 들어오고 있어 연락을 드렸다면서 인공지능 로봇이 어린이제품인지 물었다. 어른과 어린이가 함께 쓸 수 있는 제품이라고 말씀드리니, 제품 박스에 쓰인 나이를 읽어달라고 했다. 구매대행이라 해당 상품을 가지고 있지 않다고 하자 살짝 당황하시다가 사업장으로 직접 방문하겠다는 것이다. 사업장 주소가 집으로 되어 있다고 말씀드리니 집으로 방문을 하시겠다고 했다. 집으로 정부기관의 사람이 방문한다니···. 너무 겁이 났다. 이미 머릿속에선 수갑을 차고 끌려가는 상상이 멈추질 않았고 '내가 너무 무식하게 시작했구나.' 하는 생각에 눈물이 쏟아졌다.

다음 날, 담당자가 집을 방문했다. 구매대행이라 집에 상품이 없는 것과 신원을 확인한 후, 앉았다. 앉자마자 담당자분은 가방에서 서류 한 뭉텅이를 꺼냈다. 뭔가 했더니 내 스토어에서 파는 모든 상품을 다 프린트해온 것이었다. 인공지능 로봇과 악기 같은 경우는 뭐로 작동하냐고 물으시길래 건전지라고 말씀드리자, 리튬 건전지인지 일반 건전지인지 되물어보셨다. 실제로 본 적도 없는 상품을 설명하려니 힘들어서 사이트 사진을 보며 설명을 했다. 그 당시에는 전기용품 및 생활용품 안전관리법(약칭: 전안법) 개정 전이라, 구매대행 상품이라도 건전지로 작동된다면 위법이었다(물론 나는 몰랐다). 게다가 장난감은 어린이제품 안전 인증을 받아야 하는데 그것 또한 받지 않고 판매를 했기 때문에 어린이제품 안전 특별법을 위반한 것이었다. 위법을 저질렀다는 이야기를 들으니 나도 모르게 얼굴이 사색이 되었던지 담당자분이 오히려 당황하셨다. 어느 정도 판매가 됐는지 확인을 하고 대화를 하던 중 점차 정신이 들었고, 사업자등록증을 보여드리며 시작한 지 3개월도 되지 않아서 잘 몰랐다고 감정에 호소하기 시작했다. 그러자 난감하셨는지 상황을 말씀해주시길, 신문고를 통해서 한 달 동안 매일 2~3건씩 신고가 들어왔기 때문에 알아보고 신고자에게 피드백을 주어야 한다고 했다. 신문고는 익명이라 정확하게 알려줄 순 없으나, 보통 이런 경우는 동일 상품을 판매하는 타 판매자들인 경우가 많다고 했다. 로봇이나 악기 같은 경우에는 판매자가 여럿이었고 기존 상품들의 가격대가 비슷하게 형성되어 있었는데, 판매를 시작하기 앞서 계산해보니 마진이 많이 남았다. 그래서 가격을 확 내려서 상품을 판매했는데, 온라인 세계에서의 눈에 보이지 않는 룰(어느 정도 마진을 가져갈 수 있도록 비슷한 가격대를 유지하는 것이 암묵적인 룰이라고 한다)을 깼기 때문에 다른 판매자들에게 공격을 받은 것이 아닌가 싶었다.

전자파 인증을 받지 않은 것들은 과태료를 내야 하고 어린이제품의 경우는 위법이라 경찰서를 가야 한다고 했다. 나의 사정이 안타까웠던지 시작한 지 별로 안됐는데 경찰서를 가서 조서 쓰고 빨간 줄이 가는 것은 타격이 클 거라며 과태료를 내는 방향으로 진행하는 것이 어떻겠냐고 권해주셨다. 내가 무슨 선택권이 있겠는가. 최악을 피하는 것이 최선이었다. 내가 예상한 과태료는 30~50만 원 정도였는데, 전안법과 관련된 과태료는 무려 220만 원이었다. 생각보다 큰 액수에 충격을 받았다. 빨리 내면 10%로 할인이 된다는 위로 아닌 위로의 말과 함께 설날 전후로 시청의 담당 부서에서 연락이 올 거라고 했다.

이 일은 다른 어떤 일보다도 큰 충격을 줬다. 당일은 물론이고 과태료를 내고 나서도 멘탈이 회복되지 않았다. 구매대행을 하고자 하는 의욕도 모두 사라졌다. 돈도 아까웠지만 무엇보다 나의 무지함에 화가 났다. 구매대행을 무작정 시작한 것을 후회한 적은 없었다. 만약 너무 많은 정보를 알아보고 깊은 생각을 했다면 시작조차 못 했을 것이기 때문이다. 시작은 무작정 하되 많은 공부를 해야 했는데 너무 안일했다는 생각이 들었다. 일주일 넘게 맥없이 아무것도 하지 않았다. 계속 그러고 있으니 '이걸 그만둬, 말아.' 하는 생각까지 갔다.

그런데 답은 정해져 있었다. 시작한 지 별로 되지도 않았는데 벌써 그만두면 안 될 것 같았다. 아쉬움이 남았다. 그렇게 생각하니, 이러고 있는다고 이미 벌어진 일이 없는 일이 되거나 내가 낸 200만 원이 돌아오지 않는다는 것을 깨달았다. 좌절할 시간에 상품을 하나 더 팔아서 그 200만 원을 메꾸는 게 내 정신에 좋겠다는 생각이 들었다. 전화위복. 위기를 기회로 만드는 것은 온전히 나의 몫이었다. 아무것도 안 하면 위기가 지속되는 것이고 마음을 다잡아 새로 시작하면 그것이 기회가 되는 것이다. 그렇게 마음을 다잡고 다시 구매대행을 시작했다.

온라인 판매 시, 더블 체크해야 하는 4가지

1. 온·오프라인 판매 불가 제품들

담배, 마약류, 의약품, 모의총포, 도수 있는 안경 또는 콘택트렌즈, 안전 인증 표시가 없는 전기용품 또는 공산품, 음란물, 상표권 침해 물품, 저작권 침해 물품

구매대행을 시작하고, 평소 직구를 자주 하던 친구들이 구매대행을 해보고 싶다는 말을 해왔다. 먼저 친구들에게 어떤 상품을 판매할지 고민해보라고 했다. 그러던 어느 날, 친구가 다급한 목소리로 전화를 했다.

"대박 상품 찾았어! 내가 매번 직구하고 친구들도 자주 사는 제

품인데 우리나라에서 아무도 안 팔아!"

"와! 대박이다. 어떤 거야?"

"컬러렌즈!"

"…친구야, 콘택트렌즈는 온라인에서 판매할 수 없어서 아무도 안 파는 거야."

온라인에서는 정말 다양한 물건들이 판매되지만, 아무 물건이나 다 팔 수 있는 것은 아니다. 법에 따라 오프라인에서는 판매가 가능하나 온라인에서는 판매가 불가능한 상품도 있고 온·오프라인 모두 판매가 불가한 상품도 있으므로 판매 전 꼭 확인을 해봐야 한다. 콘택트렌즈의 경우, 직구가 가능하고 오프라인에서는 판매할 수 있으나, 온라인에선 판매가 불가능하다. 담배의 경우도 관할 시장, 군수, 구청장으로부터 소매인 지정을 받은 자에 한해, 오프라인 매장에서만 판매가 가능하고 온라인 판매는 금지되어 있다.

중국에서 짝퉁 명품 가방을 가져와 팔다가 걸린 사람들의 뉴스를 본 적이 있을 것이다. 이런 일명 '짝퉁', '가품'의 경우에는 상표권과 저작권에 침해가 되는 제품이어서 온·오프라인을 막론하고 판매해서는 안 된다.

2. 판매 제한이 있는 제품들

주류와 총포, 도검, 화약류, 분사기, 전자충격기, 석궁, 유해 화학 물질, 건강 기능 식품, 의료기기

첫 상품을 올리자마자 판매가 되었다며 수강생 중 한 분에게 연락이 왔다. 상품 확인과 피드백을 위해서 상품 페이지를 보여주셨는데 보자마자 상품을 당장 내리라고 말씀드렸다. 잘 팔리는 상품을 왜 내리라고 했을까? 초콜릿 안에 술이 들어간 제품이었기 때문이다. 초콜릿은 식품에 해당하기 때문에 보통은 별 문제 없이 판매 가능하지만, 그 안에 술이 들어가 있다면 이야기가 달라진다.

주류의 경우 주류 제조업 면허가 있어 관할 세무서장의 승인을 받은 자만이, 우체국이나 인터넷 사이트를 통해서만 제한적으로 판매가 가능하기 때문이다. 영양제처럼 온·오프라인에서 흔히 판매되고 있는 건강 기능 식품의 경우에도, 건강 기능 식품 판매업 신고를 통해 허가를 받은 자만이 판매할 수 있다.

이처럼 판매 제한 물품들의 경우 해당 물품과 관련된 판매 자격이 있어야만 판매할 수 있으므로 어떤 자격을 갖춰야 하는지 알아봐야 한다.

3. 통관 불가 또는 항공 운송 불가 제품들

해외에서 국내로 들어오는 제품들은 통관과 항공 운송에서 허가하는 제품들과 그렇지 않은 제품들로 나뉜다. 일반적인 상품들과 기준이 다르므로 상품을 선택할 때 이 부분을 알아보고 진행하는 것이 좋다.

통관이 불가능한 상품에는 야생 동식물, 불법 의약품, 준 무기류와 같이 우리가 일반적으로 알고 있는 제품뿐만 아니라 육포나 유제품 등의 가공육류, 코코넛 제품, 5kg까지만 반입 가능한 꿀과 같이 생각지 못했던 제품도 있으므로 꼭 확인해보는 것이 좋다. 그 외 수입 금지 물품이 궁금하다면 관세청(국번 없이 125)이나 식약청(1577-1255)으로 문의하는 것이 가장 정확하다.

또한 빠른 배송을 위해 항공으로 상품을 운송하는 경우가 있는데 이때는 항공 운송이 가능한 제품인지 확인해야 한다. 캠핑용 가스버너, 소화기와 같이 고압가스가 포함된 제품이나 알코올이 다량 함유된 향수, 헤어스프레이와 같은 인화성 액체, 그리고 라이터, 리튬 배터리, 로버보드, 전자담배와 같은 가연성 제품은 항공 운송 불가 제품이다. 이를 어길 시 1억이 넘는 벌금이 부과되니 조심해야 한다.

4. 판매 시 유의해야 하는 제품들

어린이제품군의 경우, 무엇보다 인증이 중요하다. 그 이유는 바로 '어린이제품 안전 특별법(약칭: 어린이제품법)'이 존재하기 때문이다. 어린이제품이란 만 13세 이하 어린이가 사용하거나, 만 13세 이하의 어린이를 위하여 사용되는 물품 또는 그 부분품이나 부속품을 말한다. 이들은 어린이 안전 인증을 받아야 온·오프라인에서 판매가 가능하다. 구매대행의 경우는 많은 제품이 KC 인증 등으로부터 자유롭지만, 어린이제품에 관해서는 구매대행이라고 하더라도 어린이 안전 인증을 받아야 판매가 가능하다.

두 번째로 식품군의 경우, 식품을 제조해서 판매할지, 가공된 상품을 소분해서 판매할지, 수입 식품을 판매할지, 건강 기능 식품을 판매할지에 따라 자격 조건이 매우 세부적으로 나눠진다. 만약 직접 제조하거나 소분하지 않고 일반 식품을 위탁 판매할 경우에는, 일반 상품과 동일하게 사업자등록과 통신 판매업 신고만으로 판매 가능하다. 그러나 그 식품이 건강 기능 식품일 경우, 건강 기능 식품 판매업 신고를 해야 하고 구매대행으로 수입 식품을 판매하기 위해서는 구매대행 수입 식품 영업 등록증을 발급받아야 한다.

7장

성장하는 셀러, 마인드를 바꾸니 팔리는 상품이 보이기 시작했다

7. 성장하는 셀러, 마인드를 바꾸니 팔리는 상품이 보이기 시작했다

    강의를 시작하기 전에 나는 수강생들에게 질문한다. "팔고 싶은 상품이 있나요?" 팔고 싶은 상품과 이유를 물어보면 대답은 두 가지로 나뉜다. '내가 가지고 싶은/필요한 제품이라서', '내가 관심이 있는 제품군이라서' 이런 대답이 나오는 것은 당연하다. 사람은 자기중심적으로 사고하기 때문이다. 어린이제품을 판매하고 싶다는 수강생들에게 '육아하고 계시죠?'라고 물어보면 100% 적중률인 것만 봐도 알 수 있다. 나 또한 초보 셀러 시절 수없이 많이 했던 실수 중 하나다. 아무리 내 취향이나 관심사를 잠시 접어두고 객관적으로 상품을 바라보려 해도 나의 취향과 생각이 불쑥불쑥 끼어들었다.

과태료 사건 이후 마음을 고쳐먹고 여러 방면에서 공부해야겠다고 다짐했다. 그동안 판매하던 상품 중 많은 수를 삭제하면서 아이템도 다시 생각해야 했다. 오히려 약간의 오기가 생겨 더 좋은 성과를 내보고 싶은 마음이 들었다. 게임용품, 컴퓨터용품, 어린이용품에서 벗어나 다른 카테고리도 알아보고 국내외 마켓을 가리지 않고 요즘 잘 팔리는 상품들을 찾기 시작했다. 시도 때도 없이 상품을 다방면으로 보다 보니 이런 생각이 들었다. '세상엔 정말 다양한 취향이 있고 다양한 타겟층이 존재하는구나.' 당연한 이야기이지만 판매자로서 이걸 깨닫고 상품 소싱에 적용하기까지 꽤 오랜 시간이 걸렸다. 그후, 그동안 쓰고 있던 소비자의 안경을 버리고 새롭게 판매자의 안경을 낀 것처럼 상품들이 더 폭넓게 보이기 시작했다.

● 중고? 아니 리퍼 제품!

컴퓨터용품에는 브랜드 제품이 많았는데, 상품을 소싱하다 보니 같은 제품인데도 가격이 다른 경우들을 종종 보게 되었다. 예를 들어, 아이패드 32기가를 검색하면 하나는 300불이고 하나는 249불인 것이다. 차이점을 살펴보니 더 저렴한 상품에는

'Certified refurbished'라는 표기가 있었다. 리퍼블리쉬? '아이폰이 고장 나면 수리해주는 것을 리퍼라고 하지 않나?' 의문이 들어 찾아보기 시작했다. 우리가 흔히 리퍼라고 부르는 리퍼블리쉬 제품은 초기 불량품이나 중고 제품을 신상품 수준으로 정비하여 다시 내놓는 것을 말한다. Certified의 경우, 제조사나 유통사에서 해당 리퍼 수준을 인증한다는 뜻이었다. 즉, 제조사의 엄격한 검사와 검수를 거쳐 새 상품과 비슷한 퀄리티를 가지되 합리적인 가격에 구매할 수 있는 제품이었다.

신세계를 발견한 기분이었다. 내가 소싱하던 상품들은 대부분 컴퓨터용품이거나 전자기기여서 가격대가 높은 편이었다. 중고 제품을 사자니 찝찝하고 조금이라도 저렴하게 사고 싶어 하는 사람들을 만족시킬 수 있는 제품이라는 생각이 들었다. 게다가 제조사나 유통사에서 상품의 품질을 어느 정도 보장한다면, 판매자인 나로서도 리스크가 크지 않겠다고 생각했다.

알고 보니 애플이나 마이크로소프트 공식 샵에서도 Certified refurbished 메뉴가 따로 있을 만큼 미국에서는 리퍼 문화가 대중적이었고 이베이에서도 다양한 리퍼 제품들을 볼 수 있었다. 이베이에서는 리퍼 제품뿐만 아니라 박스만 오픈한 제품, 중고 제품 등 다양한 형태로 판매하고 있었다. 이베이의 상품들은 제조사나 유통사에서 인증한 것이 아니라 개인이 판매하는 제품이 많아서 추후 컴플레인이 우려돼 판매하지는 않기로 했지만, 다양한 판매 방식이 있다는 것을 알게 되었다. 예상처럼 리퍼 제품은 꽤 많은 문의와 주문이 들어왔다. 리퍼 제품이 낯선 고객들을 위해 상세페이지에도 표기하고 문의가 오면 자세히 설명을 해줘서 리퍼 제품임을 확실히 인지시키고 주문을 진행했다.

● 타겟층을 달리 보면 더 팔 수 있다

상품을 소싱하는 여러 가지 방법이 있는데 많이 쓰는 방법 중 하나는 미디어에 노출된 상품을 판매하는 것이다. TV 프로그램이나 유튜브에 노출된 상품을 소싱해서 가져올 수만 있다면 시도하는 것이 좋다. 이렇게 미디어에 노출된 상품들은 광고 효과를 톡톡히 볼 수 있다. 그래서 나는 TV 프로그램, 특히 관찰 예능을 볼 때 어떤 상품이 노출되는지 자세히 보고 캐치하는 편이다.

〈효리네 민박 2〉에 출연자가 와플 기계를 사용하는 모습이 나온 적이 있었다. 바로 해당 상품을 찾아보니 미국 구매대행이나 직구를 통해 살 수 있는 제품이었다. 이거다 싶어 상품을 올리려고 한 다음 날, 문제가 생겼다. 인기가 많은 프로그램이다 보니 와플 기계에 대한 반응이 폭발적이었다. 구매하려는 사람도 판매하려는 사람도 많았다. 경쟁자가 지나치게 많이 생기고 있어 해당 제품을 미국에서 구매하는 것은 하늘의 별 따기인지라 이 제품을 판매하는 것은 포기하기로 했다.

그러나 소비자들이 이렇게 와플 기계를 많이 검색하는데 그대로 포기할 순 없었다. 이 기회를 어떻게 잡을 수 있을까 고민하던 나는 프로그램에 나온 와플 기계가 아닌 다른 디자인, 그리고 다른 가격의 와플 기계를 찾아서 업로드했다. 캐릭터 모양, 클로버 모양 등 기존의 동그란 모양이 아닌 다양한 형태의 와플을 만들 수 있거나, 기존의 와플보다 얇게 만들 수 있는 등 다양한 기능의 와플 기계를 업로드했다. 상품들은 생각보다 빨리 팔리기 시작했다. 그렇게 한동안 와플 기계를 정말 많이 찾고 판매했는데 나중엔 브랜드 이름을 술술 외울 수준이었다.

와플 기계만 찾던 어느 날, 눈에 띈 것이 있었다. 일반적으로 와플 기계의 가격대는 10만 원 미만이었는데 그때 발견한 와플 기계들은 원가만 해도 50만 원대, 70만 원대였다. 과연 이 제품이 팔렸을까? 놀랍게도 팔렸다. 카페를 운영하는 사람들이 구매한 것이다. 만약 이때, 기존에 내가 가지고 있던 생각대로 와플 기계는 일반 소비자들이 집에서 사용하는 가정용품이므로 10만 원 이

하의 와플 기계만 판매해야겠다고 한정을 지었다면 어땠을까? 높은 가격대의 와플 기계를 팔 생각도 못 했을 것이고 해당 수요층이 있다는 사실도 영원히 몰랐을 것이다. 상품의 타겟을 정할 때 보통 일반 소비자를 초점으로 맞춘다. 이 폭을 조금 넓히고 '일반적'이라고 하는 틀을 깨면 산업용, 업소용, 연구용 등 타겟이 폭넓어지고 판매 스펙트럼 또한 폭넓어질 것이다.

● 문화 차이를 읽으면 상품이 보인다

국내외 쇼핑몰을 매일 보는 게 일이다 보니 해당 나라의 문화적인 특징을 더 알게 되거나 그와 관련된 상품들이 눈에 띄기 시작했다. 예를 들어 중국은 차 문화가 발달해서 찻잔이나 다기 세트가 저렴하고 다양하다. 우리나라에서 보이차에 관한 방송이 많이 나간 후, 중국 구매대행을 통해 다도·다기 세트가 많이 팔렸던 사례가 있다. 또 미국은 파티 문화가 일반적이다 보니 파티용품이 훨씬 다양하고 온라인상에도 파티 전문몰이 많이 존재한다. 이렇게 우리나라와 비교했을 때 다른 나라에서 더 발달한 문화를 캐치하고 관련 용품들을 판매하는 것도 상품 소싱의 한 방법이다.

우리나라에서 와인 소비량이 증가하고 있다는 기사를 보고 미국 사이트에서 와인 액세서리를 찾아보았다. 우리나라보다 와인 문화가 확연히 발달해 있는 미국 시장에선 아이스 버킷, 와인 오프너, 디캔터의 종류가 엄청나게 다양했다. 또, 파티 때 사용할 수 있는 와인병 커버, 진공 와인 마개, 피크닉용 와인 가방 등 어마어마하게 다양한 종류의 와인 관련 상품들을 볼 수 있었다. 그 당시 우리나라에는 와인 오프너와 디캔터, 아이스 버킷 정도가 판매되고 있었는데 상품 수나 퀄리티에서 큰 차이가 났다. 고급화된 와인 관련 용품을 판매한다면 분명 찾는 사람이 있을 거라는 생각이 들었다. 그중 가격대가 좀 있었던 진공 와인 마개의 경우, 구매대행 판매자가 많지 않아서 경쟁률이 낮았고 꽤 높은 마진으로 판매되었다.

이렇게 문화적인 차이를 비교하면서 상품을 찾다 보면 한 나라를 공부한다는 기분이 들어 흥미가 더 생긴다. 나는 여행을 굉장히 좋아하는데 그 나라의 문화를 잘 알고 있으면 실제로 방문했을 때, 그런 특색들이 더 잘 느껴져 즐거움이 배가 되곤 했다.

구매대행을 할 때 가장 어렵다고 말하는 부분이 바로 상품 소싱이다. 상품 소싱에는 정답이 존재하지 않아서 힘들다. 그리고 가장 많이 지속해서 해야 하는 일이라 더욱더 괴롭다. 하지만 안

타깝게도, 상품 소싱은 판매자의 메인 업무이기 때문에 괴로운 일이 돼서는 안 된다. 소비자의 반응을 100% 예측할 수는 없다. 그 사실을 받아들여야 한다. 잘 팔리는 상품만 골라내는 능력이 있다면 내가 가장 먼저 가지고 싶다. 우리는 신이 아니므로 불가능한 능력에 미련을 두지 말고 하나하나 쌓아간다는 느낌으로, 상품을 여러 방면에서 바라보고 공부하다 보면 어느새 상품 소싱을 하며 즐거움을 느끼는 당신을 발견할 수 있을 것이다.

상품 소싱은 어떻게 해요?

"어떤 상품을 팔아야 할까?"는 판매자의 영원한 고민이다. 처음 시작하는 초보 판매자나 3년 차 판매자, 그리고 10년 이상의 판매자도 늘 가지고 있는 고민이다. 상품을 찾는 데에는 객관적 지표와 주관적 지표, 두 가지가 모두 필요하다. 객관적 지표는 숫자처럼 명확하게 확인할 수 있는 데이터이다. 예를 들면 키워드의 검색 수, 상품 수, 경쟁 강도 등을 뜻한다. 그리고 주관적 지표는 우리가 흔히 말하는 '감'이다. 요즘 어떤 사회적인 현상이 있는지, 그에 따라서 어떤 상품군이 잘 팔릴 것 같은지처럼 전반적인 트렌드의 흐름을 읽는 것이다.

처음 상품을 소싱할 땐 오로지 '감', 즉 주관적 지표에만 의존

했다. 느낌상 요즘 잘 팔리는 것들, 길거리나 인터넷 사이트에서 자주 보이는 것들 위주로 상품을 찾았다. 그러다 소비자들의 관점이 중요하다고 생각해 한때는 객관적 지표에만 매달렸다. 데이터이니 틀릴 것이 없다고 생각한 것이다. 매일같이 키워드를 검색하고 분석하는 것이 일과였다. 승률로 따져도 객관적 지표로 상품을 소싱할 때가 높은 승률을 보였다. 그러나 그게 전부는 아니었다. 객관적 지표를 기반으로 주관적 지표가 더해질 때 더 좋은 결과가 나왔다. 키워드에 대한 데이터 분석을 기반으로 어느 정도의 '감'이 더해져야 하는 것이다. 결국 둘 다 놓쳐서는 안 되고 한 가지에 치우쳐서도 안 된다.

● 객관적 지표 읽기

오프라인으로 옷 가게를 운영한다고 가정해보자. 고객이 매장으로 들어왔다. 그 고객이 원하는 상품이 무엇인지 알 수 있을까? 직접 물어보지 않는 이상 알아내기 힘들다. 그러나 온라인에서는 고객이 무엇을 원해서 내 스토어에 들어왔는지, 무엇을 사고 싶은지 알 수 있다. 바로 키워드, 우리가 흔히 말하는 검색어를 통해서이다. 그렇기 때문에 키워드를 잘 분석하면 소비자에게 원하는 상품을 제공할 수 있다. 소비자의 마음을 읽을 수 있는 키워드를 분석하는 3가지 방법을 소개한다.

1. 네이버 데이터랩(https://datalab.naver.com)과 구글트렌드(https://trends.google.co.kr/trends/?geo=KR)

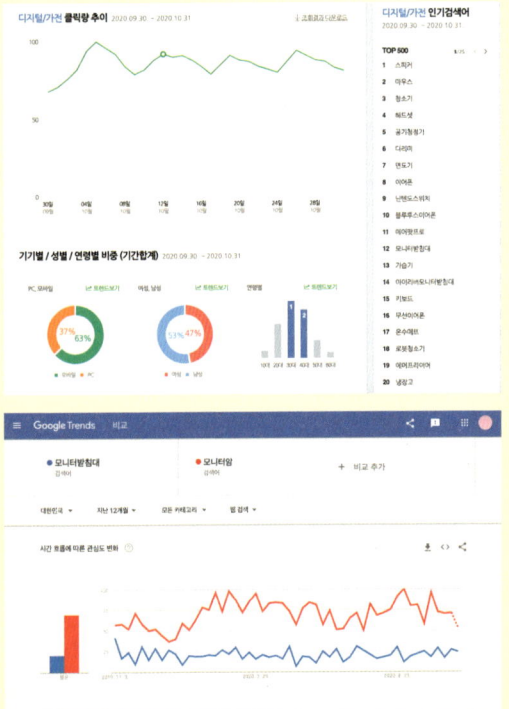

네이버 데이터랩과 구글 트렌드는 우리나라 검색어를 전반적으로 훑을 수 있는 좋은 툴이다. 네이버 데이터랩과 구글 트렌드의 결과는 비슷한 경우가 대부분이지만, 다를 때도 있으니 둘을 함께 이용하는 것이 좋다.

먼저 네이버 데이터랩은 네이버 검색어를 기반으로 일간, 주간, 월간의 데이터를 카테고리마다 볼 수 있어 큰 흐름을 읽을 수 있다는 장점이 있다. 네이버 데이터랩의 쇼핑 인사이트를 통해 해당 카테고리의 TOP 500 인기 검색어와 기기별, 성별, 연령별 비중까지 직관적으로 알 수 있어서 전반적인 트렌드 파악이 쉽다.

이에 비해 구글 트렌드는 네이버를 포함한 사이트들의 검색어를 상대적으로 비교하여 그래프로 보여주기 때문에 직관적인 판단이 가능하다. 구글 트렌드는 웹 검색 외에도 이미지 검색, 뉴스 검색, 유튜브 검색 등 세부적인 기능을 통해 원하는 부분만 검색할 수도 있다는 장점이 있다.

2. 네이버 광고(https://searchad.naver.com)

네이버 광고 사이트에서는 광고를 진행하기도 하고, 키워드 추이를 파악할 수도 있다. '도구〉키워드 도구' 메뉴를 이용해 원하는 키워드의 월별 검색 수, 월평균 클릭 수, 월평균 클릭률을 PC

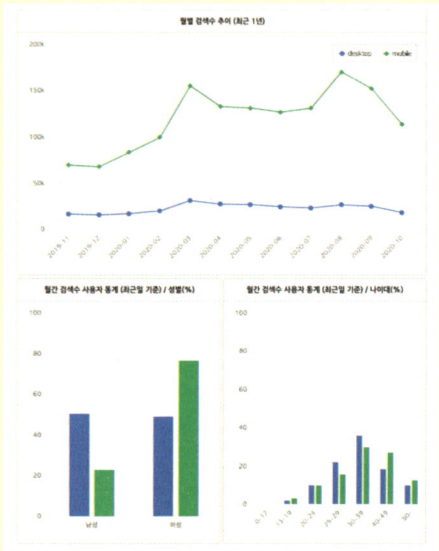

버전, 모바일 버전으로 나눠서 볼 수 있다. 또 검색 결과에 나온 키워드를 누르면 해당 키워드의 최근 1년간 월별 검색 수 추이와 성별, 나이대별 검색어를 보여줘 해당 키워드의 성격을 좀 더 구체적으로 분석할 수 있다. 기본 기능이지만 관련 키워드까지 함께 검색 결과에 나오기 때문에 잘 활용한다면 충분히 상품 소싱에 적용할 수 있다.

3. 아이템스카우트(https://itemscout.io)

네이버 광고 사이트 데이터를 기반으로 한 무·유료 키워드 분석 툴로, 네이버 광고보다 훨씬 디테일한 기능들이 많다는 것이 장점이다. 아이템 발굴 메뉴는 궁금한 카테고리를 3, 4차까지 선택하면 그 카테고리에 해당하는 키워드들이 나열되어 보이므로 현재 트렌드로 뜨고 있는 키워드를 찾아낼 수 있다. 또 키워드 검색이라는 메뉴는 원하는 키워드를 검색하면 대표 카테고리와 검색 수, 상품 수, 그리고 경쟁 강도를 보여줄 뿐만 아니라 현재 그 키워드로 온라인에 판매되고 있는 상품들을 확인할 수 있어 해당 키워드를 여러 방면에서 분석할 수 있다. 유료 버전을 이용한다면 키워드의 랭킹을 추적하는 기능과 연관검색어 분석까지 이용할 수 있어 상품 키워드 검색이나 업로드 시 큰 도움이 될 것이다.

● 주관적 지표로 감 키우기

나는 늘 '트렌드'를 강조하는 편이다. 트렌드 흐름은 기술적으로 배울 수 있는 것이 아니라 지속해서 데이터를 차곡차곡 쌓아야 큰 그림을 볼 수 있다. 그러므로 되도록 생활 속에서 자주, 의식적으로 트렌드 정보를 접하는 것을 추천한다. 아래는 내가 추천하는 트렌드 흐름을 읽을 수 있는 4가지 사이트이다.

1. 통계청 온라인 쇼핑 동향 (https://kostat.go.kr/portal/korea/)

통계청에서는 여러 가지 통계를 자료로 만들어 업데이트해주는데, 온라인 판매자라면 달마다 올라오는 '온라인 쇼핑 동향' 리

포트를 챙겨보는 것이 좋다. 40페이지가 넘는 자료이지만 1, 2페이지의 요약 내용만 읽어도 충분히 트렌드의 변화 흐름을 읽을 수 있어 한 달에 한 번쯤은 시간을 투자하는 것이 좋다. 달마다 나오는 자료이므로 근 1년 치, 또는 전년 대비 동월 수치를 보면 전반적인 흐름이 어떻게 흘러가는지를 볼 수 있고 증감 폭을 통해 뜨고 지는 상품 카테고리를 읽을 수 있어 좋다.

2. 핀터레스트(https://www.pinterest.co.kr/)

핀터레스트는 이미지를 기반으로 하는 SNS 채널이다. 인스타그

램, 페이스북이 아닌 핀터레스트를 추천하는 이유는, 주 사용층이 한국인이 아니어서 새로운 디자인이나 새로운 상품을 알아내기에 좋은 플랫폼이기 때문이다. 짧은 비디오를 비롯해 사진 기반이라 이동하면서 가볍게 보기 좋다. 한글보다는 영어로 찾는 것을 권장하고 'unique product' 'must have' 같은 단어와 함께 원하는 카테고리나 상품에 관한 단어를 검색하면 원하는 상품의 자료를 찾아볼 수 있다는 것이 팁이다.

3. 썸트렌드(https://some.co.kr/)

다음소프트에서 만든 썸트렌드는 빅데이터 분석 전문 기업이다. 썸트렌드에서는 두 가지 기능을 유용하게 사용해서 트렌드를 읽을 수 있다. 원하는 키워드를 검색해 트위터, 블로그, 인스타그램, 뉴스 채널별로 언급량 추이를 확인할 수 있고 해당 키워드의 감성 연관어를 보여주어 상품 상세페이지에도 유용하게 활용할 수 있다.

다음은 매주 업데이트되는 썸매거진이다. 짧은 웹매거진 형식이므로 이동 시에 보면서 요즘 뜨는 트렌드나 현상에 대해서 인사이트를 얻을 수 있다. 매주 업데이트되는 썸매거진을 보면 요즘 트렌드를 읽을 수 있다. 예시의 매거진의 표지만 봐도 요즘 골프

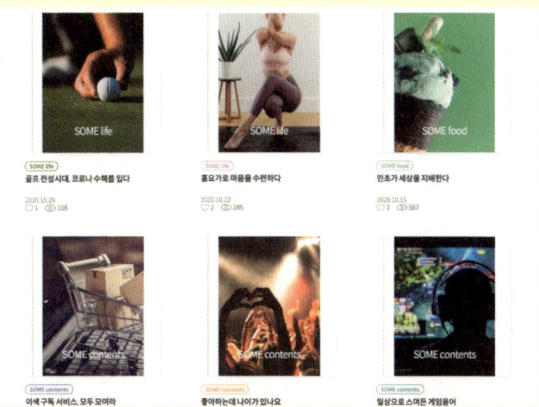

와 홈요가가 뜨고 있다는 사실을 알 수 있어 그와 관련된 상품을 찾아보는 등의 활용을 할 수 있다.

8장

프로 셀러,
CS의 세계에서 울고 웃다

8. 프로 셀러, CS의 세계에서 울고 웃다

● 욕쟁이 할아버지, 우림에는 장사 없다

10년이 넘는 아르바이트 경력과 요식업 서비스 매니저 경력을 가지고 있던 나는 CS에 꽤 자신이 있었다. 오프라인과 온라인이라는 차이가 있긴 했지만, 일명 '진상 고객'이라 불리는 블랙컨슈머의 다양한 형태를 많이 접해봤기에 온라인으로도 잘 해낼 수 있으리라 생각했다.

그러나 온라인에서의 CS는 또 달랐다. 오프라인에서는 말의 내용뿐만 아니라 말투나 표정, 손짓 등 비언어적인 요소로도 감정이나 내용을 전달할 수 있었으나, 온라인에서는 실제로 대면하는 것이 아니기 때문에 의도대로 전달하기가 어려웠다. 문자나 네이버 톡톡을 이용할 때면 텍스트만으로 전달해야 해서 오해의 소지가 생기지 않도록 단어 하나에도 신경을 써야 했다.

주문이 많아지고 고객층이 다양해지면서 CS의 양도 급격하게 늘었다. 배송 일정에 관한 문의가 가장 많았고 제품 문의, 관세·부가세 문의가 일반적이었다. 그 외에도 상품 불량, 배송 지연에 대한 컴플레인이 있었고, 나의 상식으로는 이해할 수 없는 진상 고객도 가끔 등장하곤 했다.

판매하던 상품 중 30만 원 정도의 원두 저울이 있었는데, 저울치고는 꽤 고가의 제품이라 일반인보다는 바리스타가 카페에서 사용하는 제품이었다. 그 상품을 구매한 젊은 남성 고객에게서 전화가 왔다. '관세·부가세를 제가 내야 하는 것이라고 쓰여 있던데 맞나요? 얼마 정도일까요?' 확인하고 문자로 답변을 드리겠다고 했다. 말로 전달할 수도 있지만, 혹시 모를 경우를 대비해서 고객과의 내용은 문자나 네이버 톡톡, 메일을 이용해 문서화하는 것이 나만의 고객 서비스 관리 팁 중 하나였다.

예상하는 관세·부가세 가격과 함께 배송 일정을 안내해 드렸다. 3~4일 정도 지났을까, 동일한 번호로 전화가 왔다. 그런데 일전의 젊은 남성 고객이 아닌 나이가 지긋하고 사투리가 강하신 할저씨(할아버지와 아저씨의 중간 정도)였다. '여보세요.'라는 말을 꺼내기도 전에 엄청난 데시벨의 목소리가 흘러나왔다. 너무 놀라 전화 음량을 최소로 줄이고 내용을 듣기 시작했다.

'아니, 25만 원이 넘는 돈을 이미 냈는데 무슨 돈을 또 내라는 거야? 이거 완전 사기꾼 아니야!' 욕설이 섞인 말을 들어보니 할저씨와 젊은 남자는 카페 사장과 매니저의 관계였고, 사장님에게 허락을 받은 매니저가 고가의 저울을 구매한 것이었다. 그런데 관세부가세를 또 내야 한다고 하니 사장님이 노발대발 화가 난 것이다.

아무리 그래도 그렇지, 전화를 받자마자 태어나서 처음 듣는 사투리 욕을 잔뜩 들으니 나도 화가 나기 시작했다. 숨을 크게 들이쉬고 상황을 먼저 설명했다. 이 상품은 해외에서 가지고 오기 때문에 관세·부가세가 붙으며, 이 내용은 젊은 남자분께 이미 설명했다고 말씀드렸다. 그러자, 상품 페이지에서는 돈을 또 낸다는 내용이 없었다며 이 제품이 비싼 이유를 설명해보라는 둥, 어느 나라에서 오는 건지 내가 어떻게 아느냐는 둥 진상 고객 특유의 우기기가 시작되었다. "상세페이지 가장 상단에 새빨간 글씨로 '이 상품은 관세·부가세가 부과되며 고객님께서 납부하셔야 하니 확인 후 구매 바랍니다.'라고 아주 크게 쓰여 있어요." 하는 말에

"그 콩알만한 글씨를 너 말고 누가 읽을 수 있냐."는 답변이 돌아 왔고 나는 할 말을 잃고 말았다.

상황을 보아하니 아무래도 그 매니저가 관세·부가세에 관한 설명을 들었다는 이야기를 쏙 빼놓고 사장에게 전달해서 이 사태가 일어난 것 같았다. '사장님, 직원분께 보낸 문자가 있는데 혹시 그건 못 보셨나요? 저에게 관세·부가세에 관해 문의하셔서 제가 친절하게 문자로 안내해 드렸었는데요.'라고 말하자 수화기 너머로 매니저를 불러 언성을 높이는 것이 들렸다. 그렇게 한참을 이야기하더니 '다시는 그렇게 장사하지 마쇼!'라며 전화를 일방적으로 끊었다. 일순간 전쟁을 치른 것처럼 멍해졌다.

내 귀는 새빨갛게 달아 있었고 머리에선 계속 징- 징- 소리가 울렸다. 내가 잘못한 게 없는데 이런 욕까지 들어야 하나? 얼굴을 마주하지 않으니 아무 말이나 내던진 것이라고는 생각했지만, 그걸 안다고 해서 상처를 덜 받는 건 아니었다. 통화 중 들었던 욕설들이 머릿속을 떠돌아다녔다. 앞으로 이런 일이 없으리란 보장이 없었고, 같은 일이 또 일어나면 그때는 정말 그만두고 싶을 것만 같았다. 적군을 대비하는 마음으로 방법을 강구하지 않으면 안 되겠다는 생각이 들었다.

먼저 상품의 상세페이지에 있는 안내 사항을 세부적으로 수정했다. 그리고 응대는 되도록 전화로 하지 않고 문자와 네이버 톡톡을 이용하되, 늦지 않게 회신한다는 기준을 세웠다. 가장 중요한 것은 친절하지만 단호하게 안내한다는 것이었다. 단호하다는 것은 화를 내는 것이 아니라, 받아들일 수 있는 부분과 그렇지 않은 부분을 명확하게 분리해서 기준대로 처리하는 것이다. 비대면이다 보니 어감이나 말투에 따라서 고객의 리액션이 달라지는 것을 느꼈다.

이렇게 CS 운영 방향을 정하고 그에 따라 운영하니 스트레스가 현저히 줄고 수월해졌다. 진상 고객을 마주했을 때도 무슨 말을 하든 일단은 하고 싶은 이야기를 모두 하게 한 후에 원하는 것을 물어보면, 고객은 오히려 당황하며 뭘 해줄 수 있냐고 되묻곤 했다. 이때 기존에 명시해둔 기준을 설명하면 여기서부터는 정상적인 대화가 가능해지는 경우가 많았다. 이렇게 나만의 CS 운영 방법을 쌓아가며 또 하나의 산을 넘어가고 있었다.

● 품절인데 상품을 팔았다? 이때 고객을 놓치지 않는 방법

구매대행을 지속할수록 상품은 쌓여갔다. 모든 상품의 재고를 매일 소싱처에서 일일이 확인하는 것은 불가능했고 주문이 들어오면 그때 확인하는 방식이었다.

어느 날, '게임용 키보드' 주문이 들어왔다. 그런데 미국 소싱 사이트에서 품절이었다. 구글링하기 시작했다. 해당 제품을 판매하는 모든 곳을 찾아봤지만 다 품절이었다. 판매하는 곳이 단 한 곳도 없었다.

지금까지는 이용하던 사이트에서 품절이 되면 다른 사이트에서 찾아 보내주거나 임시 품절이니 고객에게 기다려달라고 했는데, 이번에는 완전히 품절인 것이다. 고객에게 품절 안내 문자를 보내려고 하는 순간, 이 상품을 소싱해서 올릴 때 해당 제품의 하이엔드(비슷한 기능을 가진 기종 중에서 기능이 가장 우수한 제품) 버전을 함께 올렸던 것이 기억났다. 원래 상품의 가격이 145,000원이고 같은 상품의 하이엔드 버전은 210,000원이었다. 가격 차이가 있지만 브랜드가 동일하고 디자인도 비슷해서 하이엔드 제품이라도 파는 것이 품절 처리를 하는 것보다 이득이라는 생각이 들었다. 스마트스토어에선 품절을 이유로 주문을 취소하면 판매자가 페널티를 받기 때문에, 고객의 구매 의지가 크다면 비슷한 상품을 권해보는 방법이 더 낫지 않을까 생각한 것이다. 곧장 고객에게 문자를 보냈다.

안녕하세요. 죄송하게도 믿고 주문해주신 A 모델은 인기가 많아 전 세계적으로 품절되었다는 소식을 전해드립니다. 해당 주문은 취소될 예정이며 혹시 고객님께서 A 모델과 유사한 제품을 찾으신다면, A 모델의 동일 브랜드인 하이엔드 제품은 현재 주문이 가능하오니 아래 링크에서 상품을 확인해 보실 수 있습니다. 감사합니다.

이 내용과 함께 하이엔드 제품의 주소를 보냈다. 고객은 하이엔드 제품을 사고 싶다며, 번거로우니 취소 말고 추가 결제가 가능하냐고 물었다. 바로 추가 결제 창을 만들어 보낸 후 상품 구매 전환을 처리했다. 이 경험을 계기로, 이후에는 애초에 문자를 보낼 때, 가격 차이가 있는 제품은 추가 결제만 하면 된다는 멘트를 더해서 보낸다.

물론 이 방법이 모든 소비자에게 통하는 것은 아니다. 하지만 그저 '죄송합니다. 품절입니다.' 한마디만 하고 품절 처리를 하는 것은 '물건을 사고 싶어요!'라고 외치고 있는 고객을 그냥 지나치는 것과 같다. 고객 응대를 어떻게 하느냐에 따라 매출이 달라진다는 것을 체감하게 된 소중한 경험이었다.

● **말 하나로 고객의 마음을 얻는 법**

"고객들이 5~10일이나 되는 배송 기간을 기다려주나요?" 구매대행 강의를 할 때 정말 많이 듣는 질문이다. 나라마다 차이가 있지만 해외 구매대행의 경우, 평균적으로 영업일 기준 5~10일 정도의 기간이 소요된다. 구매대행 배송일은 판매 시 고지를 하므로, 생각보다 배송 기간에 대한 컴플레인은 거의 없는 편이다. 다만 문제는 기존 배송 기간보다 시간이 더 많이 걸리는 상황이 생길 때이다. 특히, 구매대행은 상품이 해외로부터 오기 때문에 해외 환경과 상황에 따라 출고일이나 배송일이 지연될 수 있다.

예를 들어 중국의 경우, 우리나라의 설날과 비슷한 춘절이라는 큰 명절이 있는데 보통 일주일 정도의 휴일을 가지기 때문에 미리 고객에게 안내를 해줘야 한다. 해외 배송에서 가장 예민해지는 기간은, 미국의 경우 11월 27일 블랙프라이데이를 시작으로 12월 연말까지이고 중국의 경우에도 11월 11일 광군제를 시작으로 연말까지이다. 이 시기에는 현지 물량이 많아 출고 자체가 지연되기도 하지만, 우리나라에 들어오는 물건도 많다 보니 통관청에서 일주일 이상 상품이 대기하는 경우 역시 꽤 된다.

한번은 블랙프라이데이부터 주문이 밀려, 연말연시에도 배대지를 비롯해 통관청까지 입고와 출고가 지연되는 상황이 1~2달간 지속된 적이 있다. 거기다가 미국에 폭설까지 내린 것이다. 미국 내 배송이 마비되었다.

현지 배송이 1~2일 지연되면 항공 스케줄은 2~3일이 미뤄지기도 한다. 이럴 때 고객만족도를 위해서 가장 우선으로 해야 할 일은 무엇일까? 배송사에 입출고를 재촉하는 것일까? 고객에게 죄송하다는 문자를 보내는 것일까? 아니다. 이때 가장 중요한 것은, 고객에게 이 상황을 상세히 알려주는 것이다.

> 주문하신 상품이 어디 있는지 궁금하셨죠? 고객님이 주문하신 상품은 미국 현지 배송 중입니다. 다만 어제 내린 폭설로 인해 현지 배송사들이 움직이지 못하고 있다고 합니다. 2~3일 안에 복구되어 배송이 재개될 예정입니다. 빨리 받아보고 싶으시겠지만 조금만 기다려주세요. 감사합니다.

많은 판매자는, 고객들이 긴 배송 기간에 대해 컴플레인을 건다고 생각한다. 하지만 고객들은 기약 없이 기다리는 것에 화가 나는 것이다. 그러므로 현지 상황을 설명하고, 그래서 배송이 지연되고 있다고 알려주면 고객들은 오히려 고마워한다. 생각해보면 기본적이고 상식적인 일을 하는 것뿐인데, 이 부분을 체크하고 전달해주는지 아닌지에 따라서 고객의 만족도가 크게 달라진다.

게다가 '상품의 위치가 궁금하실 경우, 문의하시면 상세히 답변해 드리겠다.'라고 하면 친절한 판매자라는 피드백도 받을 수 있다.

CS란 기본적으로 상대방을 이해하는 것에 있다. 하지만 생판 모르는 남을 이해하기가 과연 쉽겠는가. 절대 그렇지 않다. 차라리 그럴 땐 '내가 저 고객이라면?'이라는 역지사지의 마음으로 생각해보면 고객에게 다가갈 방법들이 떠오른다. 내가 받길 원하는 서비스가 무엇인지 생각하고, 내가 고객이었을 때 겪었던 불편함을 최소화하는 방법으로 접근하다 보면, 고객 서비스가 더는 두렵지 않을 것이다.

사업가 마인드를 갖춘 CS 응대 노하우

"고객이 컴플레인을 걸면 어쩌죠?"
"반품이 들어오면 어쩌죠?"
"진상 고객에게는 어떻게 해야 하나요?"

구매대행을 하기에 앞서 가장 걱정되는 부분을 물어보면 많은 사람이 CS라고 한다. 실제로 CS 부분이 걱정되고 겁이 나서 시작을 못 하는 사람들도 여럿 봤으니, 얼마나 많은 걱정을 하고 있을지 짐작이 된다. 수많은 고객을 대하며 느낀 건, CS에서는 기술적인 부분이 아니라 판매자의 마인드가 중요하다는 것이다. 판매자가 어떤 생각과 가이드라인을 가지고 고객을 대하는지가 중요한

데, 다음의 5가지 방법이 도움이 될 것이다.

1. 안내 사항 꼼꼼히 적기

CS 응대의 기본은 안내 사항을 꼼꼼히 적는 것이다. 상세페이지에 기본적인 안내 사항을 꼼꼼하게 적어두면 친절한 인상을 남길 수 있다. 그리고 이는 고객을 위한 일인 동시에 판매자의 울타리를 마련하는 일이기도 하다. 이렇게 미리 알려두면, 고객이 막무가내로 우기는 일을 방어할 수 있기 때문이다. 물론 안내 사항은 마음대로 적는 것이 아니라 한국소비자원(한국소비자보호원)의 규정에 근거해 적어야 한다. 내용이 많다고 임의로 생략해서는 안 되고, 꼭 읽어보고 필요한 부분이 있다면 상세히 기재하는 것이 좋다.

2. 고객의 주변을 환기하기

시간, 장소, 사람, 이 세 가지를 기억하자. 고객이 화가 난 상황에서는 이 세 가지 중 하나를 바꿔서 그 상황을 고객이 객관적으로 볼 수 있도록 만드는 것이 좋다. 우리는 대면하지 않고 온라인으로 처리하니 장소를 제외한, 시간과 사람에게 변화를 줄 수 있겠다. 예를 들어, 화가 난 고객이 전화를 받자마자 욕을 쏘아붙이는 상황이라고 해보자. 그럴 때 바로 응대하는 것보다, 몇 분이라도 시간을 두는 것이다. "해당 내용에 관해서 저희가 확인해보고 빠르게 전화하겠습니다."라고 말한 후, 빠르면 5~10분, 혹은 1시간 뒤에 전화를 한다. 별것 아닌 것 같지만, 이렇게 시간이 흐른 뒤 전화하면 처음 통화할 때보다 목소리의 데시벨이 현저히 낮아진 것을 느낄 수 있다.

3. 큰 회사의 사장처럼 행동하기

지금 구매대행을 시작한다고 생각하고 5년 뒤 여러분의 모습을 그려보자. 어떤 모습이 떠오르는가? 적어도 직원이 다섯 명에서 열 명쯤 있는 큰 사무실의 오너가 되고 싶지 않은가? CS를 할 때는, 단지 상상이 아니라 내가 이미 큰 회사의 사장이 되었다고 생각해야 한다. CS는 일종의 정신력 싸움이자 기 싸움이기도 하다. 유치하지만 고객과의 기 싸움이 어느 정도 존재한다. 그래서 한껏 위축된 상태로 고객을 응대한다면, 고객도 그것을 눈치채고 더 막대하거나 진상을 부릴 수 있다. 이는 대면하지 않더라도 말투나 억양, 사용하는 단어로도 눈치를 챌 수 있다. 나는 큰 회사의 사장이라는 마인드로, 친절하면서도 단호한 태도로 고객을 대한다면 관리하는 것이 한결 수월할 것이다. 고객이 불만을 쏟아내는 상황에서는 단순히 확인 후 연락하겠다고 하는 것보다, "확인해보고 저희 담당자분이 연락드릴 거예요." 혹은 "저희 팀에서 확인해보고 연락드리겠습니다."라고 하는 것이 좋다. 혼자서 운영하는 것이 아니라 꽤 규모가 있는 회사에서 운영하는 것처럼 말하면 고객도 쉽게 보지 않기 때문이다.

4. 200%의 확신이 아니면 장담하지 말 것

온·오프라인을 막론하고 진상 고객은 본인에게 불리할수록 아주 사소한 것까지 꼬투리를 잡는다. 그러므로 고객에게 말을 할 때는 항상 조심해야 한다. 확신, 그것도 200%의 확신이 있는 게 아니라면 절대 장담해서는 안 된다. 예를 들어, 현지 사정에 의해서 배송이 늦어지는 경우 고객들은 예민해질 수밖에 없고 "내일 도착하나요?", "내일모레 출고되는 것 맞나요?"라고 물어보곤 한다. 배송 현황을 살펴보고 택배사에서 인계되어 이미 출고되었다고 나오더라도 나는 절대 '내일 도착합니다.'라고 답변하지 않는다. 물량이 많아서 내일이 아니라 내일모레 도착할 수도 있고, 고객이 생각하는 내일은 내일 오전인데 실제로는 밤에 도착할 수도 있기 때문이다. 고객에게 확답한다는 것은, 무슨 일이 있어도 그걸 지켜야 한다는 의미다. 그러니 고객과의 대화에서는 항상 말을 조심하고 또 조심해야 한다.

5. 한 푼도 손해 보지 않겠다는 마인드를 버릴 것

구매대행이나 온라인 판매가 아니어도 모든 사업에는 로스(Loss)가 존재한다. 이때 로스는 금전적인 것일 수도 있고 정신적, 시간적인 것일 수도 있다. 고객이 환불이나 교환을 요구할 때는 다양한 케이스가 있는데, 내가 예상하지 못하거나 기존에 적어둔 안내 사항 내에서 해결이 되지 않을 때도 있다. 이럴 때는 판매자의 판단에 따라 상황을 정리해야 한다. 절대 손해를 보지 않겠다는 마인드로 일 처리를 한다면 다시는 그 고객을 만날 가능성이 없을 것이다.

결국 사업은 정신력 싸움이어서 스트레스를 어떻게 관리하느냐가 관건인데, 한 푼도 손해를 보지 않으려고 한다면 모든 CS가

큰 스트레스로 다가올 것이다. 고객에게 무조건 양보하라는 뜻이 아니라, 로스가 존재할 수밖에 없다는 것을 인정하고 내가 양보할 수 있는 로스는 어느 정도인지 기준을 정하는 것이 필요하다.

9장

1인 기업,
나는 나를 기업으로 만들었다

9. 1인 기업, 나는 나를 기업으로 만들었다

● **해외 구매대행 강의로 또 다른 보람을 느끼다**

2019년 1월, 구매대행 2년 차에 접어들 때쯤, 변화의 기회가 찾아왔다. 온라인 판매에 관심이 있던 지인들이 구매대행이나 스마트스토어에 관해 물어보면 적극적으로 알려주고 있었는데, 이럴 거면 강의를 해보는 건 어떻겠냐고 했다. 솔깃했다. 언제나 나는 누군가에게 경험이나 지식을 전달해주고 싶었다. 아르바이트를 하면서도 나서서 교육 담당을 맡았고, 회사에서 현장 매니저로 일하면서도 언젠가 본사 CS 강사가 되는 것이 목표였다. 온라인 판매를 하면서도 나의 경험들이 누군가에게 도움이 되었으면 좋겠다는 어렴풋한 생각도 가지고 있었다. 그러나 그 시점은, 7~10년 쯤 되었을 때라고 생각했기에 턱도 없다며 웃고 넘겼다.

그런데 어느 날, 내가 처음 구매대행을 시작하던 날이 떠올랐다. 그때 나는 당장 1억, 10억을 벌 수 있는 엄청난 노하우가 아니라, 통관은 도대체 무엇이고 관세·부가세는 얼마부터, 어떻게 내는 건지, 상품은 아무거나 올려도 되는지, 스마트스토어에 상품을 등록하는 방법은 무엇인지 등 기초적인 걸 알려주는 사람이 필요했다.

당시 그런 강의는 없었고, 있어도 가격대가 높아서 부담되는 한 달 코스의 수업이 대부분이었다. 그렇다면 이 분야를 처음 접하는 사람들을 위해 구매대행 기초반을 원데이 클래스로 만들면 좋겠다는 생각이 들었다. 커리큘럼을 짜고 강의 날짜를 잡고, 나의 경험을 잔뜩 눌러 담아 강의안을 세웠다. 회사에서 프레젠테이션 발표를 했던 이후로 모르는 사람들 앞에서 하는 강의는 4년 만이었다. 3시간짜리 대본을 써서, 읽고 또 읽으며 꿈에서도 줄줄 읊을 정도로 연습했다.

대망의 첫 강의 날, 수강생이 무려 10명이나 왔다. 감격스러운 마음도 잠시, '준비한 내용이 3시간에 맞게 끝나야 할 텐데…. 내용이 잘 전달되어야 할 텐데….'라는 마음을 안고 수업을 시작했다. 처음엔 너무 떨려서 준비한 대본과 피피티만 보다가, 강의가 진행될수록 수강생들의 얼굴이 조금씩 보이기 시작했다. 내용을 이해했을 때 얼굴에 떠오르는 깨달음의 표정을 보는 게 정말 짜릿했다.

사실 첫 강의를 하고 2주 후에 전신마취 수술이 예정되어 있었다. 강의를 준비하던 중에 급하게 수술 날짜를 잡은 것이었다. 아파본 사람은 알 것이다. '내가 할 수 있는 게 있을까?'라는 절망적인 생각이 들던 때였다. 체력도, 자존감도 많이 낮아진 상태에서 첫 강의를 무사히 마쳤다. 강의가 끝나고 한 분 한 분 나가던 길에, 어떤 분이 다가와 '지금까지 들은 강의 중 가장 흥미롭고 도움이 되었다.'며 감사하다는 말을 해주셨다. 피식피식 웃음이 나면서도 자꾸 눈물이 찼다.

"아, 이렇게 사람들에게 내 이야기를 하고 정보를 알려주는 일에 보람을 느끼는 사람이었지, 나는. 나 이런 것도 할 줄 아는 사람이었지.' 행복함과 뿌듯함과 말로 표현이 안 되는 감정이 뒤섞여 올라왔다. 잠시 잊고 있던 나의 다른 모습을 찾아낸 기분이었다. 그리고 다짐했다. 온라인 판매를 더 열심히 해서 나의 인사이트를 더 많은 사람에게 나눠줄 수 있는 사람이 되어야겠다고.

● 24시간이 모자라!

첫 강의에 왔던 수강생 10분이 자발적으로 후기를 길게 남겨주신 덕분에 강의 문의가 계속되었다. 수술 후, 몸을 회복하자마자 일주일에 한 번씩 강의를 했다. 나의 경험과 지식을 전달해주고, 그로 인해 다른 사람의 삶이 긍정적으로 바뀌는 모습은 나에게 또 다른 원동력이 되었다.

성취감을 잊은 채 오랜 직장 생활을 하던 중 새로운 일을 시작하게 되어 삶의 즐거움이 생겼다는 분, 사업을 하고 싶었는데 이 강의로 인해 구매대행을 시작하고 이제 퇴사를 준비 중이라는 분, 구매대행과 위탁, 사입까지 온라인에서 돈을 벌 수 있는 방법에 눈을 뜨게 되었다는 분, 그리고 천안에서, 부산에서, 제주에서 수업을 듣기 위해 오시는 분들까지…. 다들 강의 덕분에 얻은 것이 많다고 말해주셨지만, 오히려 그들의 모습을 보며 더 나은 사람이 되어야겠다는 자극을 받았다.

그러다 보니 점점 강의를 더 잘하고 싶다는 욕심이 생겼다. 3시간 수업인데 3시간 반, 어떨 땐 4시간을 넘게 쉬는 시간도 없이 달렸고, 강의가 없는 날에도 카톡으로 질의응답을 하며 하루하루를 채워갔다. 그룹 강의, 일대일 강의를 진행하면서 기존에 하던 구매대행까지 병행하다 보니 많이 바빠졌지만, 모두 내가 하고 싶어서 하는 일이라 피곤한 줄도 몰랐다.

그렇게 6개월 정도를 지내면서, 즐거운 마음과는 별개로 과부하가 오기 시작했다. 구매대행만 하더라도 상품 소싱, 주문 처리, CS, 매출 관리 등 해야 할 일이 많은데, 강의에 외부 일정까지…. 어느새 물리적으로 불가능한 스케줄이 됐고, 즐거워서 시작했던 일이 스트레스로 다가오기도 했다. 피로가 누적되어 잠을 설치는 날도 생겼다. 이대로 가다간 구매대행도, 강의도 제대로 할 수 없을 거라는 불안감이 들었다. 위태한 상황이 이어지자 내 안의 시스템을 구축해야겠다는 생각이 들었다.

● 회사? 아니, 아직은 1인 기업

일은 많은데 시간이 부족하다면, 이 물리적인 시간문제를 해결할 방법은 사람을 쓰는 것이다. 그렇다면 그동안 혼자 하던 일을 같이 할 사람을 구해야 하나? 회사로 키울 때인가? 회사를 차리자니 내 자유가 억압당하는 느낌이 들었고, 책임감이 더해지는 건 당연했으며 그게 부담스러웠다. 사람을 다루는 일을 해본 경험이 꽤 있던 나는 어떤 문제보다도 인력 관리가 어렵다는 것을 잘 알고 있었다. 그런 부담을 안고 가느니 지금 상태에서 몇 가지를 조율해 효율성을 높이는 방법을 고민해보자는 결론을 내렸다.

먼저 현재 내가 하는 일들을 세부적으로 적고, 그중에서 내가 직접 해야 하는 일과 다른 사람에게 맡겨도 될 일을 구분했다. 예를 들어, 강의는 내가 직접 해야 하는 일이고 구매대행의 상품 등록은 누군가에게 알려주면 나를 대신해서 할 수 있는 일이었다. 그리고 그 일들의 주기를 적었다. 주문 처리는 매일 해야 하고 상품 등록은 2~3일에 한 번 해도 되는 일이었다. 이런 식으로 구분을 짓고 나니 부분적으로 위임할 수 있는 일과 필요한 시간을 파악할 수 있었다. 이제 위임할 사람을 찾아야 했다.

셀러오션이나 판매자 카페에서 상품 등록 아르바이트를 할 사람을 쉽게 찾을 수는 있었다. 그러나 의심이 많은 나는 가까운 사람들 중에서 먼저 찾아보기 시작했다. '회사에 다니며 평일 저녁이나 주말에 아르바이트하고 싶은 친구들이 있지 않을까?' 생각했지만 없었다. '되도록 컴퓨터 활용 능력이 뛰어난 편이면 좋겠는데…'라고 생각하는 찰나, 오늘도 방에서 열심히 게임을 하는 동생을 발견했다. '야! 너 알바할래?'

1~2주 정도 교육을 하고, 상품 등록과 주문 처리를 동생한테 맡기고 나니 확실히 시간적인 여유가 생겼다. 또 이전에는 닥치는 대

로 했던 일들의 주기를 어느 정도 파악해서 루틴화하니 효율이 올랐다.

누군가는 나에게 왜 회사를 차리지 않느냐고 묻는다. 그런데 꼭 회사를 차리거나 으리으리한 사업을 해야 하는 건 아니다. 알지만 여전히 고민한다. 계속 1인 기업 체제로 갈지 사업화를 할지…. 솔직히 말하면 아직은 겁이 난다. 책임질 사람이 많아지는 것이 무섭다. 아마 이 고민은 계속될 것이다. 그러나 한 가지 확실한 건, 남들이 나를 어떻게 보는지와 상관없이 나의 가치관에 맞게, 또 나의 속도에 맞게 많은 사람에게 선한 영향을 주겠다는 목표를 향해 달려갈 것이라는 점이다.

스마트스토어와 마켓 확장에 관한 이야기

● 초보 판매자에게 스마트스토어를 권하는 이유?

 상품 소싱을 통해서 어떤 물건을 팔지 정했다면, 이제는 어디에 팔 것인지 정할 차례다. 온라인에서 상품을 팔 곳은 매우 많다. 오픈 마켓이 될 수도 있고, 백화점 사이트가 될 수도, 홈쇼핑 마켓, 소셜 마켓, 자사몰 등 선택지가 다양하다. 이 중에서 당신의 선택은 무엇인가? 초보 판매자가 온라인 판매를 시작할 때, 가장 추천하는 것은 바로 스마트스토어이다. 많고 많은 플랫폼과 사이트 가운데 왜 스마트스토어를 추천할까?

먼저, 스마트스토어는 네이버 블로그와 유사한 부분이 많아서 접근이 쉽다는 장점이 있다. UI 구성이 심플하고 직관적이어서, 매뉴얼만 익힌다면 쉽게 적응할 수 있다.

또 하나의 장점은 수수료율이 낮고 정산 주기가 빠르다는 것이다. 오픈 마켓, 소셜 마켓, 입점 마켓 등에서는 카테고리마다 수수료율의 차등을 두는데, 평균적으로 7~18%이며 더 높게는 25%인 곳도 있다. 반면 스마트스토어의 경우는 수수료율이 최대 6%여서 판매자들의 부담이 적다. 1~2% 수수료 차이가 별거 아닌 것처럼 보일 수도 있지만, 매출이 늘어날수록 더 큰 차이가 생긴다. 정산 주기 역시 짧은 편인데, 고객이 구매 확정을 한 다음 날 정산이 바로 되고 구매 확정을 하지 않았을 경우에는 배송 완료일로부터 8일째 되는 날 자동으로 구매 확정이 된다(참고로 11번가는 발송 처리일을 기준으로 21일 후, 인터파크는 발송일로부터 14일 후, G마켓/옥션은 배송 완료 후 8일 뒤에 자동으로 구매 확정이 된다. 스마트스토어와 오픈 마켓의 정산 주기는 짧은 편이지만, 쿠팡, 위메프, 티몬 등의 소셜 마켓은 정산 주기가 평균 3개월로 매우 긴 편이어서 유의해야 한다).

• 그럼에도 스마트스토어만이 답은 아니다

스마트스토어는 초보 판매자에게 무척이나 매력적인 플랫폼임이 확실하다. 하지만 스마트스토어에 익숙해지기 시작했다면 시장을 확장해나가야 한다. 앞서 말한 바와 같이 우리나라에 얼마나 많은 플랫폼과 판매 사이트가 있는데 스마트스토어에서만 파는 것은 굉장히 어리석은 짓이다.

조금 더 구체적으로 말하자면, 각 사이트의 주 고객층이 다르기 때문에 동일한 상품을 올려도 사이트마다 반응이 다르다. 11번가의 주 타겟 고객은 40~50대 어머님들이고, 10대가 가장 많이 이용하는 오픈 소셜 마켓은 쿠팡이다. 그리고 G마켓 같은 경우에는 기업 고객이 많다는 특징이 있다. 동일한 상품을 모든 곳에서 올려두고 마켓마다 반응을 보는 것이 좋다.

스마트스토어에서는 6개월간 단 1개도 판매되지 않았던 상품이 쿠팡에 올리고 난 다음 날부터 하루에 5개 이상씩 팔렸던 적이 있다. 이처럼 동일한 상품도 마켓마다 반응이 다르기 때문에, 스마트스토어 외에도 11번가, 쿠팡, G마켓, 옥션, 위메프, 인터파크, 티몬 등 다양한 판매 사이트로 확장하는 것을 추천한다.

"이 많은 곳에 상품을 하나하나 올리고 각 사이트에서 주문 처리를 모두 따로 해야 하나요? 시간이 모자라겠네요."라고 생각할 수 있다. 모든 사이트를 각각 관리하면 당연히 시간이 모자라다. 그 부분을 보완해줄 것들이 바로 쇼핑몰 통합 관리 솔루션이다. 종합몰과 오픈 마켓, 소셜 마켓, 홈쇼핑, 그리고 전문몰까지 원하는 사이트에서 상품 등록과 재고 관리, 주문 수집까지 통합으로 할 수 있고 배송 관리나 CS, 정산 관리도 한 곳에서 처리할 수 있는 프로그램이 바로 이 쇼핑몰 통합 관리 솔루션이다.

쇼핑몰 통합 관리 솔루션은 다양한 회사에서 제공하고 있는데 대표적인 곳으로는 플레이오토, 사방넷, 샵링커, 이지위너, 카페24, 넥스트엔진 등이 있다. 기본적인 기능은 유사하나 솔루션마다 운영 방식과 월 이용료의 차이가 있으니 그 부분을 체크해야 한다. 무턱대고 결제하는 것보다 본인에게 필요한 기능이 있는지 확인하고 월 요금제부터 시작해보는 것을 추천한다. 나는 맥북을 사용하는데 유명하다고 해서 무턱대고 결제를 했다가 맥북과는 연동이 안 되는 바람에 환불 절차를 밟은 적도 있으니, 이용 전에 상담을 먼저 해보는 것이 좋다.

효율적인 운영을 도와줄 프로그램을 통해, 같은 양의 일을 하더라도 2~3배의 매출이 나올 수 있다. 필요한 기능을 현명하게 이용하도록 하자.

10장

프로 셀러, 구매대행으로 머니를 배웠다

10. 프로 셀러,
구매대행으로 머니를 배웠다

● **구매대행을 통해 내가 배운 것들**

'어딘가에 속하지 않고도 약 100만 원의 수입을 만들었다는 것이 굉장히 뿌듯합니다. 수입뿐만 아니라 저의 삶도 많이 바뀌었습니다. 윤주 튜터님 덕분에 유통에 흥미가 생겨 구매대행과 함께 위탁과 사입도 하고, 관련 공부를 하고 있습니다. 지금은 구매대행을 위주로 하고 있지만 알리바바, 아마존 등 수많은 길이 열려 있으니 앞으로가 더 기대됩니다.'

메일을 받고 가슴이 떨렸다. 그동안 수많은 후기를 받았지만 유독 가슴이 떨렸던 이유는, 내가 구매대행을 하면서 온라인 세계로 시야가 넓어졌기에 이를 다른 사람도 경험하게 해주고 싶어서 강의를 시작한 것인데, 이 글 속에 그와 같은 마음이 고스란히 느껴졌기 때문이다.

온라인에서 물건을 파는 것을 상상해본 적 없던 나에게, 구매대행을 하며 얻은 것들은 단순히 돈을 버는 것에서 그치지 않았다. 먼저 유통의 기본적인 구조를 알게 되었다. 도매상과 소매상은 다양한 형태로 존재한다는 것, 제조업과 물류업은 함께 움직이며 이 과정에서 비용이 발생하고 그것이 소비자가에 적용된다는 것도 알았다. 이런 것들을 알게 되면서 자연스럽게 여러 가지 판매 방식이 눈에 보이기 시작했다.

이전에는 도매에서 소매로 파는 일반적인 형태가 내가 알던 판매의 전부였다. 그런데 도매로 상품을 들여와서 다시 도매로 판매하는 B2B 형태, 중국에서 직수입해서 소매로 판매하는 형태, 재고를 덤핑 가격으로 가지고 와서 해외로 판매하는 형태, 국내의 소매 제품을 해외 사이트에 판매하는 형태, 대량의 상품을 정기적으로 업소에 납품하는 형태 등 사고파는 다양한 방법이 있다는 것을 알았다. 또 다양한 플랫폼을 어떻게 접목하는지에 따라서도 판매 방법은 끝이 없었다.

판매하는 방법을 다양하게 알게 되면서, 온라인에서 팔 수 있는 것들에 관심이 커지기 시작했다. 온라인에선 다양한 종류의 상품이 판매되는데, 그것은 비단 물건뿐만이 아니었다. 나만 해도 무형의 형태로 강의를 판매하고 있으니 말이다. 어떤 이는 국내 축산업계의 정보를 모아 판매하기도 하고, 어떤 이는 십자수 도안을 해외에 판매하기도 하며, 또 어떤 이는 자신의 출산·육아 경험담을 노하우로 묶어 팔기도 한다. 유형의 물건뿐만 아니라 무형의 지식과 정보, 그리고 경험까지 팔 수 있는 시대라는 게 새삼 놀랍고 신기하다.

이렇게 알면 알수록 새로운 온라인 세계를 보며 '4년 전, 구매대행을 시작하지 않았더라면 이런 넓은 세계를 알 수 있었을까? 여전히 회사에서 수동적으로 일만 하고 있지 않았을까?'라는 생각이 들곤 한다.

요즘은 유튜브에 검색만 해도 많은 정보를 알 수 있다. 무언가를 새로 시작하기에 정말 좋은 시대다. 게다가 전통적인 방법의 유통에 온라인 세계가 더해져서, 국내뿐만 아니라 해외까지 타겟이 확장되었고 판매할 수 있는 것들도 무궁무진해졌다. 단군 이래 돈 벌기 가장 쉬운 시대라는 말이 와닿는 이유이다.

나는 구매대행을 통해 이 넓은 세계에 발을 들이게 되었다. 당신도 구매대행을 통해 온라인으로 물건을 판매하는 새로운 경험을 해보고, 그것을 시작으로 드넓은 온라인 세계에서 월급보다 짜릿한 나의 돈을 벌어보는 경험을 하길 바란다.

● 코로나, 온라인 판매를 시작해야 할 때

2020년, 예상치 못한 변화가 크게 찾아왔다. 모든 사람의 일상이 변화하고, 무너지고, 힘들어졌다. 친구들과 함께 여유롭게 노닐던 카페를 쉽사리 갈 수 없게 된 소소한 변화부터, 해고를 당하거나 폐업으로 생업을 위협받는 일까지 생겼다.

나도 코로나의 영향을 받았는데, 코로나가 시작되면서 중국의 봉쇄령으로 인해 구매대행 물건들이 중국 내에서 배송이 안 되는 사태가 일어난 것이다. 더구나 중국 최대의 명절인 춘절이 겹쳐 배송이 무한정 딜레이되었다. 구매고객에게 안내 문자를 돌려야 했는데, 대부분 취소를 원하는 와중에, 취소가 가능한 상품도 있었고 불가능한 상품도 있었다. 그러다 보니 어쩔 수 없이 손해를 봐야 했다.

한동안 중국 구매대행의 경우는 배송 기간을 최대 3~4달까지 예상하고 안내를 했다. 중국의 배송 시스템이 정상화될 때쯤, 코로나가 미국을 덮쳤다. 미국에 록다운이 걸리자 미국 국민들은 온라인으로 물건을 엄청나게 사기 시작했고, 물건은 금세 동이 났다. 그러다 보니 구매대행으로 판매하던 상품들도 재고가 없거나 구매 자체가 되지 않는 상황이 되었다. 중국과 미국의 유통·배송 시스템이 정상화되기까지 약 3개월 동안 폭발적인 CS 처리와 배송 추적 등의 이전과 다른 상황에 대처해야 했다.

어느 정도 상황이 안정되고 "코로나인데 너는 괜찮아?"라는 말이 인사말이 된 어느 날, 주변 지인들이 물었다. "코로나로 힘들지 않아요?" 그런데 아이러니하게도 코로나가 시작된 1월부터의 매출 추이는 떨어지기는커녕 오히려 상승곡선을 이뤘다. 그리고 뉴스에선 이런 기사들이 쏟아져 나왔다.

유통업체 매출 전년 대비 8.5% 증가
11번가, 1년 만에 흑자 전환
온라인 쇼핑 거래액은 14조 7억 원으로 2001년 이후 최대치
네이버, 24% 증가 2020년 3분기 매출 역대 최대

집에서 지내는 시간이 늘어나면서 온라인 구매가 기하급수적

으로 늘어난 것이다. 위생용품, 식료품, 생활용품은 물론이고 취미용품, 인테리어용품, 운동용품까지 모든 카테고리의 판매량이 상승했다. 국내만이 아니었다.

알리바바 3분기 매출 228억 달러, 전년 대비 30% 신장

아마존, 3분기 매출 37% 급증

코로나의 영향으로 우리나라를 비롯해 전 세계의 이커머스 시장은 호황기를 맞이했다. 집에 머무는 시간이 많아지고 비대면 서비스의 수요와 공급이 늘어나면서 온라인 구매가 늘었고, 코로나가 사회 전반에 미친 영향으로 인해 소비자들이 구매하는 상품에도 변화의 바람이 불었다.

마스크와 손 소독제는 이제 비상 아이템이 아닌 생활용품이 되어 스테디셀러가 되었고, 재택근무가 늘어나면서 홈오피스용품의 수요가 늘었으며, 해외여행을 못 가는 대신 비대면으로 할 수 있는 차박, 캠핑용품이 불티나게 팔렸다.

라이프 스타일이 바뀌면서 사람들이 많이 구매하는 제품도 변하고 있다. 이것은 큰 변화의 파도이자 기회의 시그널이다. 세상에 변화가 크게 일어날 때, 누군가는 휩쓸려 떠내려가고 누군가는 기회를 잡아 위로 올라간다. 지금도 누군가는 모두가 혼란스러

워하는 틈을 타, 부의 기회를 잡았을 것이다. 여러분은 그 기회를 보고만 있을 것인가 아니면 잡을 것인가? 늦지 않았다. 지금 당장 그 기회를 잡을 수 있는 온라인 판매를 시작하길 바란다.

● 내가 가야 할 길은 어디일까?

이 일을 계속할까 말까…. 지금도 하루에 수십 번 고민한다. 문득 지난 4년간 해왔던 일을 되짚어봤다. 처음으로 거슬러 올라가면, 참 웃기게도 '그냥' 시작한 일이었다.

만약 구매대행을 시작하기 전에 깊게 고민했다면 '언어가 문제 되지는 않을까?', '정산은 어떻게 하는 거지?' 등의 고민으로 발을 내딛지 못했을 것이다. 스마트스토어를 거창한 사업이라고 생각했다면 '월 1,000만 원은 힘들지 않을까?', '제품에 문제가 생겨서 고객이 손해배상을 하라고 하면 어쩌지?' 등 아직 일어나지도 않은 일을 걱정만 하다가 시작하지 못했을 것이다.

진부한 말일 수 있지만, 겪어보니 'JUST DO IT.'이 답이라는 걸 알았다. 부딪혀서 깨져도 보고, 깨진 조각을 붙이기 위해 노력하고, 그렇게 쌓아가야 무언가가 만들어지는 것이었다. 고민만 하는 게 아니라, 현실적인 해결법을 찾는 것이 원하는 목표에 더 빠르게 다가가는 방법임을 지난 4년간의 경험으로 알게 되었다.

그래서 나는 그간 얻은 인사이트를 바탕으로 더 넓은 세계에 도전해보려고 한다. 이제야 알게 된 온라인 세계에서의 기회를 놓치고 싶지 않았다. 다시 한번 'JUST DO IT.'을 외쳐야 할 때가 왔다고 판단했다.

역직구라는 단어도 모르고 동남아 시장에 뛰어들었던 것에 아쉬움이 남는다. 당시에는 동남아 시장이 자리를 잡지 못했고 나도 아는 게 너무 적어서 제대로 성과를 내지 못했다는 아쉬움이, 이제는 글로벌 시장에 대한 미련이 되었다.

새로 도전할 시장은 이전에 시도했던 동남아의 쇼피가 될 수도 있고, 미국의 아마존이 될 수도, 중국의 타오바오가 될 수도, 혹은 전 세계를 대상으로 하는 알리바바가 될 수도 있을 것이다. 해본 적이 없는 일은 실패할지 성공할지 모른다. 나는 생각보다 대범하지 못해 두렵기도 하다. 하지만 두렵다고 아무것도 하지 않으면 아무 일도 일어나지 않는다.

사실 이 도전은 두려우면서도 한 편으로 설렌다. 사람들에게 새로운 경험을 공유할 수 있겠다는 생각 때문이다. 구매대행이 그

랬듯, 이번의 경험을 많은 사람에게 공유해서 그들이 새로운 길을 수월하게 갈 수 있도록 길라잡이 역할을 하고 싶다는 새로운 목표도 생겼다.

내게는 어릴 때부터 변하지 않는 꿈이 하나 있었다. '선한 영향력을 미치는 사람이 되자.' 좋은 물건을 소싱하거나 누군가에게 필요한 물건을 만들어서 판매한다면, 누군가의 삶에 도움이 될 것이다. 그리고 내 실력과 경험을 나눠 좋은 자양분이 된다면, 누군가의 삶을 조금이라도 긍정적으로 변화시킬 것이다. 이것이 바로 내가 셀러로, 강사로 계속해서 성장하려는 이유이다.

구매대행 테크트리 방향 제시

요즘은 한 다리만 건너도 스마트스토어를 비롯해 온라인에서 무언가를 파는 사람들의 이야기를 들을 수 있을 정도다. 그런 이야기를 들으면 '나도 해볼까?' 싶은 생각이 들다가도 어디서부터 어떻게 시작해야 할지 몰라서 망설이게 된다. 온라인 판매를 처음 시작하는 이들에게는 금전적인 손해가 없는 구매대행을 첫 단계로 추천한다.

해본 적 없는 일은 누구에게나 심리적인 장벽이 클 수밖에 없다. 구매대행의 무재고 시스템, 금전적 리스크 0%, 빠른 상품 소싱이 가능하다는 점은 온라인 판매에 도전하는 이들에게 심리적으로 완충재 역할을 해줄 것이다.

구매대행을 하는 방법은 판매자마다 여러 형태가 있다. 한 나라의 제품만 전문적으로 다루는 운영 방식이 있고, 나라를 가리지 않고 다양한 국가의 상품을 판매하는 방식이 있다. 정답은 없다. 각 운영 방식의 장단점이 있기에 본인에게 맞는 방식으로 운영하면 된다.

구매대행은 초보 판매자가 시작하기에 장점이 있는 것이 명백하지만, 단점도 분명히 존재한다. 구매대행을 흔히 불완전한 사업이라고 하는데, 상품의 구매를 대행해주는 일이기 때문에 판매하는 상품이 나의 것이 아니어서 상표권이나 지식재산권 같은 문제로 골치가 아프기도 한다.

구매대행으로 온라인 판매에 발걸음을 내디딘 후 어느 정도 경험을 쌓다 보면, 구매대행을 계속할 것인지, 국내 위탁이나 사업으로 확장할 것인지 등 이후의 방향을 고민하는 순간이 온다. 어떤 방향이 있는지 함께 알아보도록 하자.

● 국내 위탁 판매

온라인 판매 중에서 가장 접근성이 높은 것은 국내 위탁 판매로, 구매대행과 병행하는 사람이 많다. 도매꾹, 오너클린, 도매토피아, 온채널 등과 같은 B2B 사이트에 올라와 있는 이미지를 활용해 상품을 업로드하고, 주문이 들어오면 B2B 사이트에서 고객에게 배송이 가게끔 하는 시스템이다. 무재고로 진행이 가능하고 금전적 리스크가 낮아 운영하기에 어려움이 없다는 것이 장점이다. 단점은, 비교적 쉽게 접근이 가능하기 때문에 허들이 낮은 편이라 경쟁이 치열해서 순수익을 내기 쉽지 않은 구조라는 것이다. 구매대행을 해본 사람이라면 굳이 경험하지 않아도 되는 단계이기도 하다.

• 사입 판매

리스크가 적은 구매대행이나 위탁 판매로 판매의 맛을 봤다면, 이제는 조금씩 자본을 투자하여 사업의 규모를 넓힐 차례이다. 바로 상품을 직접 사입하는 것이다. 사입 판매는 내가 팔고 싶은 물건을 제조사나 유통사에서 도매가에 떼어다가 판매하는 것이다. 자본에 여유가 있다면 대량 사입부터 바로 시작해도 되고, 자본이 넉넉지 않다면 소량 사입부터 시작해 대량 사입으로 넓혀가는 것도 가능하다. 자본을 투자해야 한다는 리스크가 있지만 그만큼 마진이 높다. 요즘은 유통 단계가 세분되어서, 아주 작은 단위로도 도매 상품을 살 수 있고 국내뿐만 아니라 해외에서도 가능하다.

먼저 국내의 경우, 앞서 말한 B2B 사이트의 제조사에 직접 연락하거나 판매하려고 하는 제품의 뒷면에서 제조사의 연락처를 찾아 해당 상품을 사입할 수 있다. 해외에서의 사입은 '병행수입'이라고도 하는데 요즘은 대부분 중국에서 상품을 가지고 온다. 그중에서 가장 많이 이용하는 사이트는 중국의 도매 사이트인 1688(https://www.1688.com)이다. 중국에서 생산되는 저렴한 제품들을 도매가로 구매할 수 있기 때문에 꽤 메리트 있는 시장이다. 다만 1688의 경우는 중국 현지 카드나 통장이 없으면 결제가 불가능해서 중국의 결제대행 서비스나 주문대행 서비스를 이용해야 한다.

해외에서 상품을 사입해 들여올 때는 해당 상품에 관련된 인증이 무엇이 있는지 꼭 확인하고 필요한 절차를 준비해야 한다. 또한 상품의 구매 개수에 따라서 가격이 달라질 수 있는데 예를 들어, 1~200개 구매 시에는 1,000원, 201~500개 구매 시에는 950원, 501~1,000개 구매 시에는 900원…, 이렇게 개수에 따라서 가격에 차등이 있다. 처음부터 많은 수의 상품을 주문하기보다는 소량으로 시작해서 판매해보고 잘 팔릴 경우, 재주문 시 구매 개수를 늘리는 방법을 추천한다.

● 제품 제작과 브랜딩

온라인 판매를 하는 사람들의 최종 목표를 물어보면 '내 브랜드를 가지는 것'이라고 대답하고는 한다. 구매대행, 위탁, 사입을 거쳐 어느 정도 사업의 크기도 키웠고 자본도 마련되었다면 이제는 브랜드를 만드는 단계이다.

제품 제작에도 여러 가지가 있지만, 크게는 두 가지로 나눌 수 있다. 먼저 기존에 있던 제품에 회사의 로고를 붙이거나, 색상이나 디자인에 변화를 주어 옵션을 만드는 것이 있다. 또는 새로운 것을 개발하고 디자인해서 완전히 새로운 상품을 만드는 것이 있다.

이제 막 사입에서 제품 제작으로 넘어왔다면, 전자의 방식으로 시작해 후자의 방식으로 발전하면 좋다. 후자는 기존에 없던 형태의 상품을 만드는 것이라 비용도 더 많이 들어가고, 제작할 때 판형을 새롭게 만들어야 하는 경우도 생기기 때문에 시간과 비용 소모가 크다. 브랜드를 만드는 것은 브랜드의 이미지, 마케팅, 고객 관리를 통해 브랜드의 결을 맞추는 것이다.

구매대행으로 시작해 국내 위탁, 사입, 제품 제작과 브랜딩으로 이어지는 테크트리에 대해서 알아봤다. 이 테크트리는 정답이 아니라 하나의 예시이다. 지속해서 구매대행만 하는 판매자도 있고, 구매대행과 사입을 함께하는 판매자도 있으며 구매대행을 하다가 사입으로 넘어가는 판매자도 존재한다. 또는 구매대행을 하다가 타오바오 셀러, 아마존 셀러처럼 글로벌하게 발전할 수도 있다. 방법은 무궁무진하며, 누구나 도전할 수 있다. 그러니 스스로 한계를 두지 말고 다양하고 넓은 길을 향해 뻗어나가길 바란다.

돈에 관련된 책을 많이 읽었어요.
어느 순간 공통점이 보였는데, 부자들은 무언가를 판매하더라고요.
그래서 '나는 무엇을 팔면 좋을까?' 생각하다가
해외 구매대행 영상을 보게 되었어요.

수강생 인터뷰, 김정석 님

투잡을 하는 사람은 많지만, 사실 회사에 다니며 다른 일을 병행하는 것은 생각보다 녹록지 않은 일이다. 게다가 많은 사람이 꿈꾸는 월 매출 1,000만 원을 달성하는 것은 더욱더 그렇다. 성실함과 꾸준함으로 그 목표를 이루고, 더 큰 목표를 향해 달려가고 있는 6개월 차 셀러, 김정석 님을 만났다.

안녕하세요, 정석 님. 간단히 자기소개를 부탁드립니다.

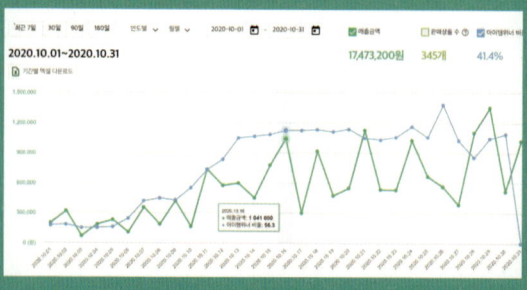

정석님 매출

- 안녕하세요. 저는 한 아이의 아빠이자, 30대 중반인 초보 셀러입니다. 현재 회사에 다니며 투잡으로 중국 구매대행을 한 지 6개월째입니다.

회사에 다니면서 투잡을 하는 것이 쉽지는 않을 것 같은데, 투잡을 결심하게 된 계기가 있나요?
- 저는 작년까지만 해도 이름을 들으면 누구나 알 만한 회사에서 어느 정도 미래를 보장받으며 직장 생활을 했어요. 직장 생활이 불만스러웠던 것은 아니지만 어딘지 아쉬운 부분이 있었는데 그게 바로 워라밸이었더라고요. 저에게는 일과 삶의 밸런스가 필요했던 거예요. 일하면서도 아내, 아이와 보내는 시간을 놓치고 싶지 않았어요. 또 회사 일과는 다르게 내가 주체인 일을 하고 싶었고요. '지금이라도 조금씩 무언가에 도전해보자!'라는 생각이 들어 투잡을 하게 되었습니다.

요즘은 투잡의 종류가 참 많아요. 그중에서도 구매대행에 관심을 가지게 된 계기가 있을까요?
- 나름의 스토리가 있어요. 처음 온라인 판매에 관심을 가지게 된 것은 유튜브 영상을 통해서인데요. 거기서 접한 내용은 도매꾹, 도매매 같은 B2B 사이트에서 위탁을 통해 물건을 판매하는 것이었

어요. 그걸 보고 '나도 한번 시작해보자!' 해서 온라인 판매 세계에 뛰어들게 된 거죠. 그런데 그 당시 업로드하던 상품들은 제 취향에 맞지 않아서 3일 정도 상품을 올리다가 접었어요. 그리고 아이를 키우다 보니 자연스럽게 아동복 쪽으로 관심이 갔고, 아동복 위탁 판매를 시작했습니다. 이때의 경험이 지금 도움이 되는 것 같아요. 판매를 처음 해보면서 고객 응대 등을 배울 수 있었거든요. 그러다가 코로나가 심해지고, 우연히 DIY 제품을 구매대행으로 병행하기 시작했어요. 본격적으로 구매대행을 배워보고 싶다는 생각이 들던 찰나에 윤주 튜터님의 강의를 듣게 되었습니다.

처음 만났을 때의, 아동복과 DIY 제품을 올려놓은 정석 님 스토어가 기억나네요. 그리고 제가 판매에 도움이 되지 않으니 아동복 위탁 상품은 싹 지우라고 말씀드렸었죠. 지금은 어떤 카테고리의 상품을 다루고 있나요?
- 하나의 카테고리를 정하지 않고 다양한 상품을 판매하고 있어요. 판매가 될 것 같은 상품 위주로 소싱하고 있습니다. 제 생각에, 카테고리를 정해서 구매대행을 하는 건 초보 셀러가 하기 좋은 방식은 아니라고 생각해요. 상품을 보는 감각이 없다면 다양한 카테고리를 시도해봐야 감을 키울 수 있고요. 또 다양한 카테고리와 다양한 상품을 취급할 수 있는 것이 구매대행의 장점이라고 생각하기

도 해요.

맞아요. 전문성이 있는 분야가 아니라면, 오히려 카테고리 구분 없이 폭넓은 상품 소싱을 통해서 감을 길러가는 것도 하나의 방법이죠. 그렇다면 지금은 어떤 플랫폼을 통해서 상품을 판매하고 있나요?
- 7월 말까지는 네이버 스마트스토어만 운영했어요. 그러다가 점차 쿠팡, G마켓, 옥션까지 넓혀서 현재는 4곳에서 판매하고 있습니다. 다른 플랫폼까지 확장하면 좋겠지만, 아직 혼자 일하고 있어서 여유가 없더라고요. 4곳 중에서는 쿠팡에 상품이 가장 많고 매출도 쿠팡에서 가장 많이 나오고 있어요.

판매자나 상품에 따라서 플랫폼별 매출 비율이 모두 다른데, 정석 님은 쿠팡에서의 매출이 가장 높군요. 8월엔 1,000만 원, 10월엔 2,000만 원을 달성했다고 들었어요. 정말 축하드려요! 정석 님 만의 소싱 노하우나 포인트를 알려줄 수 있을까요?
- 글쎄요, 아직 제가 소싱 능력이 있다고는 생각하지 않아요. 7월까지는 월 매출 300만 원이 안 됐는데 윤주 튜터님 강의에서 배운 부분을 기반으로 심기일전해 진행하다 보니 8월에는 매출 1,000만 원을 달성했네요. 유튜브에서 '월 천만 원 달성'이라는 제목의 영상을 본 게 기억나는데, 제가 막상 달성해보니 이 금액은 누구나

금방 도달할 수 있는 매출이라고 생각해요. 왜냐하면 저는 제가 아직도 아이템 까막눈이라고 생각하거든요. 하하. 초보 셀러라서 뭐가 팔릴지도 모르고 진행하니까 시행착오가 많이 생기는데, 상품을 늘려서 노출도를 높이는 방법이 중요한 것 같아요. 또 윤주 튜터님 강의에서 배운 것처럼, 이슈가 될 만한 상품이나 각 플랫폼의 기획전 등을 참고로 키워드를 뽑아 아이템을 소싱하기도 하고요. 판매 경험을 쌓다 보니 이 정도 아이템이면 팔린다는 감이 조금씩 생기고 있어요.

아무래도 매출이 늘어나는 만큼 힘든 부분도 분명히 있을 텐데요. 정석 님은 어떤 부분이 가장 어려웠나요?
- 멘탈 관리가 가장 힘들었어요. 매출이 늘어나면서 따라오는 어려움은 CS, 판매자와의 트러블, 배대지와의 문제, 저작권이나 지식재산권 등의 문제가 불쑥불쑥 발생한다는 거였어요. 문제를 해결하면서 하나씩 배워가는 과정이라고는 생각하지만, 가끔 해결하기 힘든 문제가 한꺼번에 터지는 날에는 멘탈이 나가는 기분이더라고요. 하지만 이런 부분도 경험이 쌓이면서 대처하는 방법을 터득하기도 하고 처음보다는 감정이 무뎌져서 멘탈이 많이 단단해졌어요.

제 강의에서 어떤 부분이 정석 님에게 가장 도움이 되었나요?
- 상품을 업로드 할 때 어떻게 올려야 하는지 기초부터 잘 잡아주신 것 같아요…라는 답은 너무 뻔하죠? 하하. 기억에 가장 남는 것은 '생각은 이제 그만 하세요.', '유튜브 이제 그만 보세요.' 이 두 가지예요. 물론 이론적인 부분도 잘 알려주셨지만, 이론보다도 마인드에 관해 말씀해주신 저 두 마디가 정말 큰 도움이 되었어요. 저는 정말 생각이 많은 편이거든요. '다른 판매자는 이 상품을 이렇게 싸게 판매하고 있는데 나도 비슷한 가격으로 팔아야 하지 않을까?', '이런 게 정말 팔릴까?' 등 제가 너무 많은 생각을 하고 있었던 게 눈에 보이셨나 봐요. 그 말을 듣는 순간, 큰 깨달음을 얻었어요. 그 이후에 생각을 많이 버리고 자신감을 가지면서 사업을 진행할 수 있었습니다.

현재 회사에 다니시면서도 매출이 계속 상승곡선을 타고 있는데 정말 대단하세요. 정석 님만의 투잡 운영 방법을 알려주시면 직장인 투잡러들에게 많은 도움이 될 것 같아요.
- 아무래도 가장 중요한 것은 시간 분배죠. 저는 아침에 일어나서 전날 주문이 들어온 건을 구매하고, 시간이 되면 배대지에 주문서를 작성하는 것까지 진행해요. 그리고 본업을 하고 퇴근해서는 상품 소싱을 진행하는 루틴으로 생활합니다. 회사에서 시간이 나면

틈틈이 CS 처리도 하고요. 그다음으로 중요한 것은 그 달의 목표를 꼭 세운다는 거예요. 그래야 그 목표를 이루기 위해서 노력을 하니까요. 하루에 상품을 업로드할 개수나 월 매출 같이 숫자로 설정하는 것이 좋아요. 목표 의식이 있어야 그걸 이루기 위해 조금이라도 더 노력하게 되거든요. 저는 이 사업을 진행하면서 술도 거의 마시지 않고 주말에도 일만 했어요. 놀거나 쉴 시간이 없었어요. 노력한 만큼 매출이 조금씩 올라가니 더 열심히 하게 되더라고요.

성실하게 꾸준히 하시는 모습에 제가 늘 자극을 받게 되네요. 마지막으로, 앞으로 정석 님의 계획과 목표가 궁금해요.
- 아직 명확한 계획을 정한 것은 없어요. 가까운 목표로는, 11월에 매출 3,000만 원을 달성하는 것이고 내년 초에는 사무실을 마련하고 직원을 채용할 정도의 매출로 끌어올리는 게 목표입니다. 그 이후에는 매출을 늘려서 어느 정도 자본금이 만들어지면 나만의 상품을 만들어 셀러로 자리를 잡는 게 목표고요. 더 나중에는 저도 윤주 튜터님처럼 구매대행을 시작하는 분들이나 이 사업을 궁금해하는 분들에게 도움이 되는 사람이 되고 싶어요. 얼마 전에 친구에게 온라인 판매를 알려줬는데, 그 친구가 실제로 온라인 판매를 시작했어요. 그 모습을 보니 '나도 다른 사람에게 도움이 될 수 있

구나.'라는 생각이 들어서 정말 뿌듯하더라고요. 끝으로 항상 성심성의껏 조언과 격려를 해주시는 윤주 튜터님께 감사드려요.

수강생 인터뷰, 촤촤 님

미국 제품을 한국에 팔고, 일본 제품을 미국에 팔고, 이젠 무역회사가 아니어도 개인이 이 일을 할 수 있는 시대가 되었다. 누군가는 하고 있을 것이라 막연히 생각했는데, 실제로 그 일을 하며 외화를 쏠쏠히 벌고 있는 사람이 있다. 각 나라의 특성을 잘 분석하고 상품에 대한 높은 이해도로 3개월 차에 무려 3,000만 원의 매출을 올린, 미국을 무대로 구매대행을 하는 글로벌셀러 촤촤 님의 이야기를 들어보자.

안녕하세요, 촤촤 님. 간단하게 자기소개를 부탁드립니다.
- 안녕하세요. 저는 물류·유통 시스템 데이터를 분석하는 일을 하던 30대로, 올해 7월 중순에 윤주 튜터님의 강의를 듣고 구매대행에 도전한 수강생입니다.

많은 분이 하는 방식인 해외에서 국내로 파는 구매대행과는 조금 다른 판매 방식으로 진행하고 있다고 들었어요. 그 부분에 대해서 설명해주세요.
- 저는 흔히 말하는 '해외 구매 〉국내 판매' 방식의 구매대행이 아닌, '해외 구매 〉해외 판매'의 방식으로 구매대행을 하고 있습니다. 처음에는 '미국 구매 〉미국 판매'로 진행하다가 지금은 '유럽 구매 〉미국 판매', '일본 구매 〉미국 판매'까지 3가지 형태로 하고 있어요.

제가 미국 제품을 동남아 시장에 팔았던 것과 비슷하게 제3국끼리의 글로벌셀링을 하고 계시네요. 국내 마켓에 도전하기도 쉽지 않은데, 미국 시장에서 판매를 해야겠다고 생각하게 된 계기가 있나요?
- 저는 아마존에서 물류·유통업 일을 했어요. 그러다 구매대행 강의를 듣고 다양한 방향을 생각하던 와중에 국내 시장보다 시장 규모가 크고 제게 익숙한 아마존, 미국 시장에서 시작하는 것이 성공 확률을 높일 수 있지 않을까 생각했습니다.

제 강의를 듣고 영감을 받아 글로벌셀러가 되신 게 신기하더라고요. 어떤 부분이 차차 님에게 가장 도움이 되었나요?
- 사회적 이슈나 유행하는 것들이 광고 효과를 가지고 있다며 보여주신 아이템이 있었어요. 그런 아이템 선정 부분이 큰 도움이 되었

습니다. 키워드를 이용해서 상품을 소싱하는 방법을 보고 아이디어가 떠올랐죠. 그래서 강의가 끝나고 복습하면서 저만의 매뉴얼을 만들었어요. 상시 구매가 이루어지는 상품군과 각종 행사나 이슈 기간 동안 판매할 수 있는 단기간 판매 상품군, 이 두 가지 상품군을 판매하는 거였어요. 강의에서 말씀해주신 것처럼, 단기간 판매 상품은 단발적으로 판매가 이뤄지고, 상시 구매 상품은 단번에 큰 수익이 발생하진 않으나 꾸준히 수익이 나기 때문에 두 가지를 같이 진행했을 때 안정적이겠다고 생각했어요.

8월부터 본격적으로 시작하셨는데 현재 매출은 어떻게 되나요?
- 첫 달인 8월에는 매출이 1,600만 원 중반이었고 순수익은 168만 원이었어요. 그리고 두 번째 달부터 매출이 급격히 상승하더라고요. 9월에는 320만 원 정도의 순수익이 발생했고요. 꾸준히 매출이 증가해서 10월에는 3,000만 원대를 달성했습니다.

와! 매출이 꾸준히 상승곡선을 이루고 있네요. 이쯤 되니 촤촤 님만의 운영 노하우나 상품 소싱 노하우가 궁금해지는데 알려주세요!
- 많은 이들이 대량의 상품을 등록하는 것에 대부분 시간을 할애한다면, 저는 최소한의 상품으로 최대한의 효과를 얻을 수 있는 아이템을 선택했다는 것이 핵심이라고 생각해요. 다양한 국가에서 구

매, 판매를 하다 보니 국가별로 특화된 상품들을 잘 읽어야 했어요. 제 상품 중 하나를 예로 들자면, 미국에서는 한국처럼 온라인으로 즐기는 PC 게임보다 집에서 가족들과 함께 즐길 수 있는 콘솔 게임이 주목을 받는 추세인데요. 콘솔 게임 분야에서 가장 먼저 떠오르는 곳은 일본 시장이었어요. 일본은 워낙 애니메이션 산업이 오래전부터 발달했고, 콘솔 게임 분야 또한 수준급이에요. 그래서 일본 시장의 상품을 소싱해 미국 시장에서 판매했습니다. 또 해당 브랜드가 있는 국가에서의 제품 판매가는 상당히 저렴해요. 예를 들어 한국에서는 60~70만 원대의 나이키 에어맥스, 30~60만 원대의 나이키 패딩이 미국 현지에서는 10~100달러의 가격을 형성하고 있는 걸 보면 알 수 있죠. 이렇게 국가별로 유명 브랜드 제품을 선택하고, 운임 단가 등을 고려해 가격을 비교한 후 판매를 하는 것이 노하우라면 노하우입니다.

글로벌 시장을 대상으로 하는 만큼 각 국가와 상품에 대한 인사이트가 풍부해야 할 것 같아요. 그렇다면 현재 주로 다루는 상품의 카테고리는 무엇이고 판매는 어디에서 하나요?
- 판매는 아마존에서 하고 있어요. 다양한 상품들을 판매하고 있는데 그중에서도 주된 카테고리는 공구류, 원목 자재, 포장용기 등입니다.

그중에서 가장 잘나가는 제품은 어떤 건가요?
- 대체로 균등하게 판매되는데, 가장 많이 나가는 건 전동 공구류 예요. 그리고 한국에서 제조한 과자들도 꽤 잘나가는 편이고요. 미국에서 한국 과자는 정말 인기가 많거든요.

2~3달 정도 온라인 판매를 직접 해보셨는데 아무래도 처음 하는 일이라 쉽진 않았을 것 같아요. 그중에서도 가장 어려움이 느껴지는 부분은 무엇인가요?
- 아무래도 CS 부분이 가장 어렵게 느껴져요. 고객이 구매 취소나 환불 요청을 하면 어떻게 대응해야 할지 힘들더라고요. 한번은 랜덤 박스를 구매한 고객이 색상이 마음에 들지 않는다며 교환을 요청한 적이 있었어요. 이런 경우, 배송비를 고객이 다시 한번 결제해야 하고, 재배송 제품을 받기까지 시간이 걸리기 때문에 완전 환불을 요구할 수도 있겠다고 예상했어요. 그래서 환불을 막기 위해 무료 배송에 관해 먼저 설명하고 빠른 시일 내에 재배송해드리겠다고 안내한 뒤 처리를 했었습니다. 이후 저는 이런 상황을 대비해 CS 문구를 수정했어요. 랜덤 박스 상품이 어떤 방식으로 구매가 이뤄지는지 고객이 정확하게 인지할 수 있도록 말이죠. 이런 일들을 겪으면서 어렵지만 하나하나 배워가는 것 같아요.

맞아요. 상품 판매나 소싱도 그렇지만 고객 응대도 결국 경험이 쌓여야 하는 일이더라고요. 촤촤 님의 앞으로의 계획이나 목표가 궁금하네요.
- 미국 아마존에서 꾸준히 판매해 저만의 노하우와 데이터를 먼저 만들고 싶어요. 그리고 그것들을 메뉴얼화해, 한국 시장에 적용해서 활동하고 싶은 것이 현재의 바람이자 계획입니다.

마지막으로, 온라인 판매를 생각하고 있는 예비 셀러에게 하고 싶은 조언의 말이 있을까요?
- 처음에는 대량 등록 프로그램을 사용하고 싶은 유혹을 겪을 거예요. 상품을 일일이 등록하다 보면 힘들기 때문에, 저렴한 가격으로 대량 등록 프로그램을 이용하라는 내용을 보면 혹하게 되죠. 그러나 이런 것들은 편리하지만 무분별한 상품 등록으로 인해 분쟁 등의 문제로 이어질 수도 있어요. 어느 방법을 통해서 셀러 활동을 할지는 여러분의 몫이지만 그로 인해 발생하는 문제까지 생각해야 하는 거죠. 대량 등록 프로그램 같은 달콤한 유혹보다는 과정을 중요하게 생각하고 꾸준히 본인의 길을 걸어간다면 결국에는 남들보다 좋은 결과가 나올 거라 생각합니다. 그러니 모두 자신만의 전략을 잘 세워서 목표하는 바를 이루길 바랄게요!

수강생 인터뷰, 김현재 님

　구매대행은 온라인 판매를 시작하는 좋은 첫걸음이 될 수 있다. 온라인 판매를 한 번도 해본 적 없지만, 구매대행을 시작으로 온라인 판매뿐만 아니라 창업을 꿈꾸게 된 온라인 사업 꿈나무 김현재 님의 이야기를 들어보자.

안녕하세요, 현재 님, 간단히 자기소개를 부탁드립니다.
- 안녕하세요. 해외 구매대행에 뛰어들어 반 년째 활동을 하고 있는 온라인 사업 꿈나무 김현재라고 합니다.

구매대행을 어떻게 시작하게 되셨나요? 요즘 투잡 종류가 정말 많은데 말이죠.
- 다니던 회사를 그만두고 여행을 가려는 계획이 있었어요. 그런데 코로나로 인해 갈 수 없게 되었죠. 무얼 할까 하던 참에 서점에서

책을 하나 읽었어요. 500페이지짜리 책이었는데 돈을 버는 동기부여에 관한 내용이었죠. 평소에 2시간 이상 책을 읽어본 적이 없던 터라 그 책이 버거웠어요. 평소라면 그냥 일어났을 텐데 이 책을 끝까지 읽고 싶다는 생각이 들었고, 그렇게 6시간을 넘게 책을 다 읽고 나니까 뿌듯함이 몰려오더라고요. 그 이후로 책 읽는 것도 좀 수월해졌고요.

그렇게 한 달에 20권 정도 책을 읽게 되었는데 부자, 돈에 관련된 책을 많이 읽었어요. 어느 순간 공통점이 보였는데, 부자들은 무언가를 판매하더라고요. 그래서 '나는 무엇을 팔면 좋을까?' 생각하다가 해외 구매대행 영상을 보게 되었어요. 큰 자본을 들이지 않고도 할 수 있는 구매대행이 굉장히 매력적으로 다가왔어요. 아무것도 모르는 상태여서 막막한 와중에 윤주 튜터님의 강의를 알게 되었고 구매대행 세계에 발을 들이게 되었습니다.

스스로 길을 찾아가신 셈이네요. 그렇다면 현재는 어떤 플랫폼을 통해서 판매하고, 주로 다루는 상품의 카테고리는 무엇인가요?
- 흔히 5대 마켓이라 불리는 스마트스토어, 쿠팡, G마켓, 옥션, 인터파크에 입점하여 판매하고 있습니다. 구매대행업자는 가전제품 KC 인증을 생략하고 판매할 수 있기 때문에 가전 카테고리 쪽을 주로 다루는 편인데요. 그렇다고 가전제품으로 한정 짓는 것은 아

니고 다양한 카테고리를 다루고 있습니다.

매출 추이는 어떤가요?
- 처음 시작한 건 4월이었어요. 처음에는 0원이었지만 5월부터 매출이 발생해서 30만 원, 6월에는 갑자기 400만 원으로 늘었고, 7월에는 680만 원, 이런 식으로 꾸준히 늘었습니다. 지금은 월 600~700만 원 사이를 유지하고 있고, 매출을 더 올릴 방법을 찾기 위해서 노력하고 고민 중입니다.

꾸준히 매출이 상승하고 있는데, 아이템을 소싱할 때 어떤 부분을 가장 중점적으로 생각하시나요?
- 키워드를 가장 중요하게 생각해요. 그중에서도 월간 검색 수는 500~6,000개이고, 상품 수는 2,000개 이하인 키워드를 찾아요. 그런데 이런 키워드를 발견했다고 다가 아니에요. 브랜드나 상표권에 등록된 키워드인지 잘 살펴봐야 해요. 애매하면 반드시 특허청에 검색해서, 상표가 등록되어 있는 키워드는 피해야 하고요. 두 번째는 상품 수를 늘리는 거예요. 이 부분은, 소수의 제품으로 승부하는 사람과 저처럼 양으로 승부하는 사람으로 나뉘는 것 같아요. 저는 아직 상품을 보는 눈이 부족하다고 판단해서 양으로 승부하는 편이에요. 그중에서 잘 팔리는 제품의 상세페이지를 보완하

는 전략을 사용하고 있습니다.

매출이 상승하면서 어려운 부분도 분명히 있을 것 같아요. 현재 님은 어떤 부분이 가장 어려우신가요?
- 반품 이슈가 가장 어려워요. 나의 제품이 아닌 다른 사람의 제품을 파는 것이다 보니 해당 제품에 관한 이해력이 떨어지는 편이에요. 그래서 문의가 와도 제대로 된 답변을 못할 때가 있고 그러다 보면 반품으로 직결될 때가 있어요. 그런데 구매대행의 경우 해외로 반송해야 해서 로스가 큰 편이에요. 그래서 반품이 발생한 제품은 판매를 중지하거나 최대한 반품을 막으려는 방법으로 보완을 합니다. 이렇게 로스를 최소화하려고 노력하는데 생각보다 따라주지 않으면 그게 가장 어렵고 힘들더라고요.

이전에는 회사에 다니셨고 온라인 판매나 구매대행에 관련된 일은 하질 않았는데, 저의 강의를 통해 구매대행을 시작하게 되었다고 말씀해주셨어요. 어떤 부분이 현재 님에게 가장 도움이 되었나요?
- 실제로 상품을 등록하는 과정을 세세하게 보여주신 것이 매우 큰 도움이 되었어요. 구매대행의 핵심은 결국 상품 등록이라고 생각해요. 초보 때는 아는 게 하나도 없기 때문에 하나부터 열까지 세세하게 알려주는 게 간절하거든요. 저는 스마트스토어 아이디만

만들어놓은 상태에서 윤주 튜터님 강의를 수강하며 바로 상품 등록을 했어요. 모르는 것은 신경 쓰지 않고 일단 등록부터 시작했는데, 그러면 자연스럽게 궁금한 점이 생겨요. 그때 강의를 들으며 내가 등록한 것과 비교하면서 완성도를 높였어요. 이런 방식으로 하니 내용이 더 쏙쏙 이해됐고요. 제가 했던 것처럼 일단 상품을 먼저 등록해보는 것을 추천해 드려요.

구매대행을 투잡으로 시작해서 전업으로 전향하기를 꿈꾸는 분이 많은데 실제로 현재 님은 이 일을 전업으로 하고 계시잖아요. 하루 일정을 어떻게 쓰시나요?
- 새벽 4시 반에 기상해서 상품 등록을 시작합니다. 오전에는 주문 처리 및 상품 등록에 초점을 맞춰서 목표한 개수를 채우려고 노력해요. 오후에는 문의에 대한 답변을 하거나 반품 등의 CS를 처리하고, 제가 올린 제품들을 분석하고 공부합니다. 저녁에는 주로 운동하고 강의를 듣거나 판매에 도움이 될 만한 책을 읽습니다. 자유롭게 사업을 하다 보니 유혹에 빠지기 쉬운데 조금만 나태해져도 매출로 직결되는 것 같아요. 사업할 때는 자기 관리가 필수라는 생각이 드네요.

그걸 인지하고 실천하는 것만으로도 정말 대단한데요! 앞으로 현재 님의 계획과 목표가 궁금해요.

- 우선, 구매대행으로 월 매출 3,000만 원을 달성하는 것이 목표예요. 그리고 브랜드를 만들어서 저만의 제품을 히트시키는 것이 두 번째 목표입니다. 그다음은 이 과정을 자동화시키는 것이고요. 구매대행을 시작하며 온라인 창업에 흥미를 느꼈어요. 그래서 앞으로는 창업 후 자동화하는 과정을 반복하며, 연쇄 창업을 하는 것이 저의 목표이자 계획입니다.

마지막으로 가장 전하고 싶은 말은
'JUST DO IT',
실행이 전부이니 지금 당장 시작해보길 바란다

#

**친절한 구매대행
실전 워크북**

친절한 구매대행 실전 워크북

구매대행 프로세스는 크게 아이템(상품) 소싱, 주문 처리, 배송 처리로 이루어진다. 이 프로세스는 어느 나라에서 어떤 상품을 선택하여 판매하든지 유사한 방식으로 진행된다. 그래서 여러 절차가 있음에도, 한번 체득해놓으면 그다지 어렵지 않다. 그러나 구매대행과 온라인 판매를 처음 할 때는 다른 나라의 상품을 고르고 업로드하는 일이 낯설고 버거운 게 당연하다. 그래서 누구나 보고 따라 할 수 있도록 구매대행 실전 워크북을 만들었다.

'과연 내가 할 수 있을까?' 지금까지 걱정하고 고민했다면 워크북을 보고 차근차근 따라 해보자. 어느새 나만의 스토어가 생기고 내가 선택한 물건들이 스토어에 올라가 판매가 이루어지는 것을 발견할 것이다.

가장 많은 사람이 사용하는 판매처인 스마트스토어, 소싱처인 중국의 타오바오 사이트를 예시로 워크북을 구성했다. 그 외에도 판매처는 11번가, 쿠팡, G마켓, 인터파크 등 우리나라의 모든 온라인 판매 플랫폼이 있으며, 소싱처 또한 중국의 1688이나 미국의 이베이, 그리고 독일, 호주, 일본 등의 모든 판매 사이트에서 응용할 수 있다(사이트의 메뉴만 다를 뿐 전반적인 프로세스는 동일하다).

세부적으로는 총 5단계[1단계: 아이템 소싱 〉 2단계: 상품 업로드 〉 3단계: 소싱처 사용 및 구매 〉 4단계: 배대지(배송대행지)를 통한 배송 처리 〉 5단계: 스마트스토어 주문 처리]로 나누어, 아이템 소싱부터 주문 처리와 배송 처리까지 차례대로 상세히 다뤘다. 구매대행 시뮬레이션을 돌려보거나 실제로 업로드할 때, 또는 주문 처리 시 막히는 부분이 있을 때 워크북을 통해 쉽게 해결할 수 있을 것이다.

1단계: 아이템 소싱

상품을 판매하기 위해 가장 먼저 해야 하는 것은 무엇을 팔지 정하는 것이다. 이를 '아이템 소싱'이라고 한다. 아이템을 소싱하는 방법에는 먼저, 미디어에 노출된 상품을 찾거나 트렌드의 흐름을 빠르게 읽어서 팔릴 만한 상품을 선택하는 방법이 있다. 또는 이미 팔린 상품의 파생 상품이나 유사 상품을 판매하는 방법도 있다. 그 외에도 다양한 방법으로 아이템을 찾을 수 있는데, 이처럼 아이템을 소싱하는 방법은 무궁무진하기 때문에 다양하게 접근해보고 연구해야 아이템 소싱 인사이트를 높일 수 있다.

상품을 구매만 해왔던 우리는 어디서부터 어떻게 시작해야 할지 막막할 것이다. 그래서 초보 판매자도 시간과 노력을 들인다면 팔리는 아이템을 충분히 찾을 수 있도록 방법을 소개하려고 한다.

먼저, 눈에 보이는 수치를 통해 정량적인 판단이 가능하도록, '키워드'를 이용하는 소싱 방법이다. 자, 학교에서 배웠던 간단한 경제 이론을 떠올려보자. A라는 상품을 사려고 하는 사람은 100명인데 상품은 현재 10개가 있다. 그리고 B라는 상품의 경우, 사려고 하는 사람은 10명인데 상품은 현재 100개가 있다고 하자. 어떤 상품이 더 잘 팔릴까? 혹은 어떤 상품을 더 높은 가격에 판매할 수 있을까? 정답은 A 상품이다. 상품의 수보다 원하는 사람의 수가 더 많기 때문이다. 이것을 수요와 공급의 법칙이라고 한다. 이 수요와 공급 법칙을 이용해 팔릴 상품을 찾을 수 있으며, 온라인에서는 이 부분을 '키워드' 데이터를 통해서 찾을 수 있다.

키워드 데이터를 볼 수 있는 사이트는 셀퍼, 아이템스카우트 등 다양하다. 결괏값은 네이버 데이터를 기준으로 동일하게 도출

되므로 사용하기 편한 쪽으로 선택하면 된다. 궁금한 키워드를 검색하거나 카테고리를 선택하면 해당 키워드에 대한 PC 검색 수, 모바일 검색 수, 현재 판매되고 있는 상품 수, 그리고 경쟁 강도(비율)을 보여준다. 이때 검색 수는 해당 키워드의 상품을 원하는 사람의 수이며, 상품 수는 네이버에서 해당 키워드를 가진 상품의 판매 수를 말한다. 앞서 말한 수요와 공급의 법칙을 떠올려보자.

상품 수에 비해서 검색 수가 더 많을 경우 판매될 확률이 높다. 이때 경쟁 강도(비율)가 높다고 한다.

셀퍼를 예로 들어보자. 염두에 두고 있는 아이템이 전혀 없다면 카테고리별 검색을 이용하는 것도 좋다. 분류1부터 시작해 하위 카테고리를 선택할 수 있는데 분류3 또는 분류4까지 있어서 세부 키워드도 잡아낼 수 있다. 카테고리를 선택하면, 해당 카테고리 내에서 요즘 소비자들이 검색하는 키워드를 다양하게 볼 수 있다. 이 많은 키워드 중 상품 수보다 검색 수가 낮은, 즉 경쟁 강도가 낮은 키워드를 선별하면 된다.

예를 들어 '머핀 틀'이라는 키워드는 검색량이 9,970건이며 판

21	케이크돌림판	970	8,180	9,150	11,627	1.2707
22	히로유키와플팬	1,400	12,000	13,400	366	0.0273
23	머핀틀	830	9,140	9,970	43,568	4.3699
24	타임타이머	2,100	8,510	10,610	47,467	4.4738
25	오븐팬	930	6,330	7,260	76,839	10.5839
26	카스전자저울	2,580	9,500	12,080	42,754	3.5392
27	크리스마스쿠키만들기세트	1,380	11,900	13,280	1,454	0.1095
28	빵주머니	1,460	9,510	10,970	47,948	4.3708
29	구글타이머	1,950	7,250	9,200	10,422	1.1328
30	붕어빵팬	720	6,200	6,920	9,181	1.3267
31	빵틀	970	7,420	8,390	133,397	15.8995
32	휘낭시에틀	680	6,220	6,900	1,146	0.1661
33	쿠킹타이머	750	3,140	3,890	198,947	51.1432
34	스텐계량컵	340	3,070	3,410	74,805	21.9370
35	주방타이머	710	4,130	4,840	364,953	75.4035
36	케이크틀	720	6,530	7,250	334,724	46.1688
37	크리스마스쿠키틀	330	4,490	4,820	2,060	0.4274
38	까눌레틀	510	4,430	4,940	1,228	0.2486
39	호떡누르개	690	7,710	8,400	7,144	0.8505

매되고 있는 상품의 수는 43,568개이다. 경쟁 강도는 4.3으로, 초보 판매자가 시작하기에는 좋은 상품 키워드가 아니다. 경쟁 강도가 높은 편이기 때문이다. 반면 '휘낭시에 틀'의 경우, 검색량이 6,900건이며 현재 판매되고 있는 상품의 수는 1,146개로, 경쟁 강도가 0.16이다. 현재 판매되고 있는 상품의 수보다 소비자가 찾는 수가 크기 때문에, 해당 키워드의 판매 확률이 높다고 볼 수 있다.

이제 해당 키워드의 상품을 소싱처에서 찾아 판매처에 업로드하면 된다. 경쟁 강도가 낮은 '휘낭시에 틀'이라는 키워드를 예시로 상품을 찾고 업로드해보자.

중국어를 전혀 못 하는데 중국 사이트에서 휘낭시에 틀을 찾을 수 있을까? 물론 가능하다. 해당 상품의 이미지가 있다면 이미지로 검색해서 찾을 수도 있고, 어학 사전과 파파고 같은 번역기를 사용하는 방법도 있다. 휘낭시에 틀의 경우, '휘낭시에'로만 검색하면 먹는 휘낭시에 빵이 나올 수 있기 때문에 '휘낭시에'와 '베이킹(baking)'을 각각 어학 사전과 파파고 번역기에서 찾아 두 가지 키워드로 타오바오에서 검색했다.

그러면 다양한 종류의 휘낭시에 틀이 나오는데 이 중에서 가격

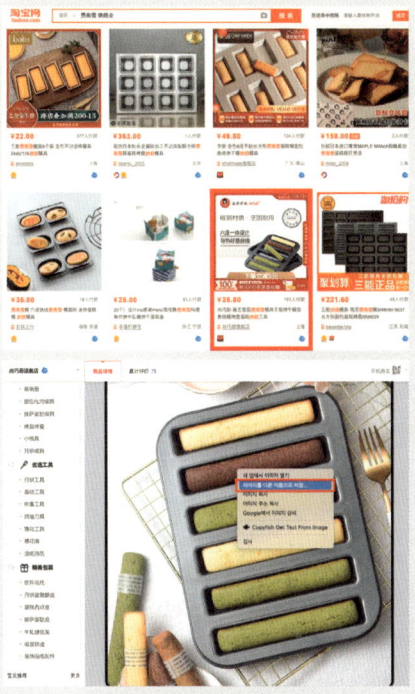

대와 디자인을 비교해 소싱할 상품을 선택하면 된다. 예를 들어 현재 판매되고 있는 휘낭시에 틀이 고가이거나 사이즈와 디자인이 일률적이라면, 기존 것보다 가격이 저렴하거나 사이즈와 디자인이 다양한 상품 위주로 소싱하는 것이다.

상품을 정했으면 해당 상품의 사진을 저장한다. 오른쪽 클릭으로 '이미지를 다른 이름으로 저장'해도 되고, 드래그해서 원하는 폴더에 끌고 와도 저장할 수 있다. 필요한 이미지를 모두 저장하면 상품을 업로드할 준비를 완료한 것이다.

2단계: 상품 업로드

소싱한 상품을 스마트스토어에 업로드할 차례다. '상품 관리〉상품 등록' 메뉴에서 새로운 상품을 등록할 수 있다. 카테고리부터 상품명, 대표 이미지, 상세페이지 등 등록해야 하는 항목이 나오는데 상품에 맞게 차례대로 채워주면 된다.

카테고리의 경우는, 올리려는 상품의 핵심 키워드를 네이버쇼핑에서 검색한 후, 광고를 제외하고 상단에서 1~5위 상품의 카테고리와 동일하게 적으면 된다. '휘낭시에 틀'을 검색했을 때 상위 노출된 상품의 카테고리는 [생활·건강 〉 주방용품 〉 제과·제빵용

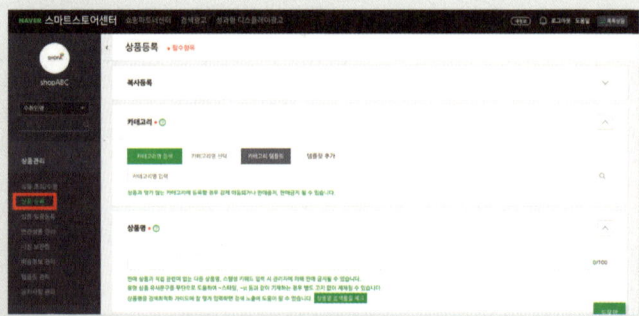

품〉빵틀]로 되어 있으므로 동일하게 적용한다.

  상품명의 경우는 기본적으로 '브랜드+상품명+상품 형태'로 구성한다. 상품 형태란 일반적으로 해당 상품을 부르는 키워드로, '휘낭시에 틀'과 같은 것을 말한다. 브랜드와 상품명이 있는 경우는 앞에 써주고, 없다면 상품 형태만으로 상품명을 구성해준다.

  상품명을 구성할 때는 사실만 심플하게 적어야 한다. 경쟁 강도가 낮다는 이유로 실제 판매되는 상품과 연관이 없는 키워드를 써서는 안 된다. 예를 들어 브랜드가 없는 휘낭시에 틀을 판매하려고 하는데, 관련 키워드 중 '다이소 휘낭시에 틀'이 경쟁 강도가 낮고 검색 수가 많다고 가정해보자. 그러나 '다이소'라는 단어는 실제 판매 상품과 전혀 관련이 없기 때문에 해당 키워드를 상품명에 넣어서는 안 된다.

  또 네이버에서는 상품명의 글자 수를 50자 이내로 권장하고 있어서 그 이상을 넘어가는 것은 지양해야 한다. 마지막으로, 상품명을 구성할 때는 어순을 고려해서 작성하는 것이 좋다. 물론 상품명은 일반적인 문장이 아닌 단어(키워드)의 조합이므로 실질적인 어순은 없다. 그러나 완성된 상품명을 읽었을 때 자연스러운지 확인 하고 상품명으로 사용하는 것이 좋다.

상품의 사용용도가 느껴지는
사진의 비중도 높아지는 추세

대표 이미지란, 상품을 검색했을 때 함께 노출되는 사진이나 썸네일을 말한다. 대표 이미지는 상품 노출에 영향을 미치기 때문에, 사용이 불가능한 요소에는 무엇이 있는지 잘 알아보고 선정해야 한다. 가장 중요한 것은 해당 상품이 제대로 보여야 한다는 것이다. 선 테두리를 넣는다거나 기타 모형이 들어간다거나 과도한 텍스트가 있으면, 상품보다 다른 요소들이 튀기 때문에 소비자에게 혼란을 줄 수 있어서 좋지 않다.

또 판매하는 상품의 색상 옵션이 다양하게 있다고 하더라도 대표 이미지에는 대표 색상의 상품 사진 하나만 넣고, 나머지 다른 색상들은 추가 이미지에 삽입하여 고객들이 확인하도록 해야 한다. 즉, 대표 이미지는 심플해서 해당 상품이 명확히 눈에 띄는 것이 좋다. 요즘은 소비자를 비롯해 네이버에서도 예시 사진처럼 사용감이 느껴지는 사진을 선호하니 참고하면 되겠다.

 상품을 등록할 때, 많은 이가 가장 어려워하는 부분이 바로 상세페이지이다. 실제로 본 적이 없는 상품의 정보를 적어내기란 쉬운 일이 아니다. 그러나 구매대행에서 필요한 상세페이지는 다음 3가지 포인트만 알면 초보자도 비교적 쉽게 만들 수 있다. 스마트스토어의 상세페이지는, 네이버 블로그를 만들 때 주로 이용하는 '스마트에디터 One'이라는 메뉴를 통해 만들 수 있다.

 상세페이지를 작성할 때 첫 번째 포인트는 '템플릿'을 이용하는 것이다. 템플릿은, '이런 방식으로 상세페이지를 구성하면 고객들에게 반응이 좋다.'고 보여주는 가이드북이라고 생각하면 된다. 즉, 네이버 스마트스토어가 상세페이지에서 보여줬으면 하는 요소들로 구성되어 있으므로, 템플릿을 응용하면 상세페이지를 어렵지 않게 만들 수 있다. 템플릿은 11개가 있는데 각각의 카테고리마다 어떤 요소가 빠지고 강조됐는지를 확인할 수 있다.

 리빙 카테고리의 템플릿을 열어서 확인해보자. 템플릿을 열면 만들어진 이미지와 상품명 그리고 대표 이미지가 나오고 상품의 특징, 재질, 크기 등 상품에 관한 상세 설명으로 구성된다. 두 번째 포인트는 바로 글의 구성이다. 템플릿 글의 구성을 살펴보면

'이미지〉글〉이미지〉글'의 순서로 번갈아 쓰여 있는 형태임을 확인할 수 있는데 이런 구성을 블로그식 구성이라고 말하며 네이버 스마트스토어에서는 이 방식을 선호하므로, 이 부분을 그대로 응용하여 사용할 수 있다.

더불어 상세페이지를 작성할 때, 화면 오른쪽 하단에 있는 작은 아이콘을 눌러 '모바일 화면'으로 설정한 후 글을 작성하는 것

이 좋다. 상세페이지를 모바일에 최적화하는 과정으로, 소비자 중 70~80% 정도가 모바일을 통해 쇼핑을 하므로 모든 페이지는 모바일 최적화로 작성하는 것을 권장한다.

기본적인 설정이 끝났다면 함께 상세페이지를 구성해보자. 먼저 템플릿에 있는 예시 사진을 '1단계: 아이템 소싱'에서 저장해뒀던 사진으로 바꾼다. 그리고 해당 상품의 설명을 쓰면 된다. 상세페이지를 만들 때 가장 어려움을 느끼는 부분이 여기다. 해당 상품을 실제로 본 적이 없는데 설명을 써야 하기 때문이다. 그러나 너무 걱정하지 말자. 우리에게는 상품 페이지의 설명이 있고 번역기도 있기 때문에 영어나 중국어를 잘하지 못해도 충분히 상세페이지를 만들 수 있다. 참고로 나 또한 중국어를 한 마디로 못

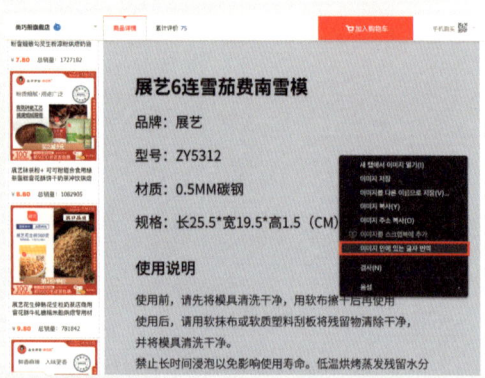

하고, 그렇기 때문에 상세페이지를 작성하는 첫 번째 포인트로 템플릿을 사용하라고 이야기한 것이다.

　소싱 페이지의 영어나 중국어가 텍스트로 되어 있다면 복사하여 파파고에서 번역하면 되지만, 사진 속에 글씨가 함께 있다면 복사가 불가능하다. 이때는 네이버 웨일의 기능을 이용하여 번역할 수 있다. 번역을 원하는 이미지에 커서를 올리고 오른쪽 마우스를 눌러서, '이미지 안에 있는 글자 번역'이라는 메뉴를 누른 후 원하는 글씨를 드래그하면 번역이 완료된다.

열 전도성이 좋다. 오일을 사용하지 않아도 되며 흡열량이 좋다. 쉽게 탈모하여 쉽게 세탁할 수 있다, 양면을 묻히지 않으면 에너지를 절약하고 보기 좋다.

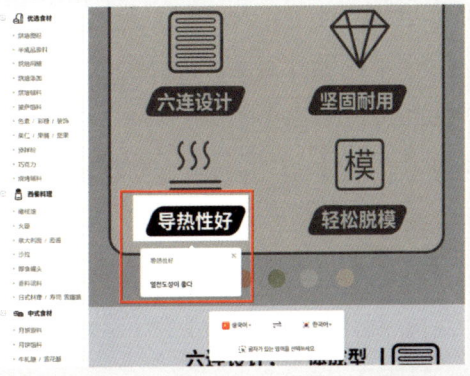

　이렇게 번역한 문장을 그대로 상세페이지에 써도 노출도에는 문제가 없지만 '열 전도성이 좋다.', '디자인이 견고하고 질기다.', '6개 설계는 일체 성형이다. 온 가족이 6가지 맛을 함께 향유하다.', '0.5mm 탄소강소재 튼튼하고 오래 쓸 수 있으며 진짜 재료가 실재하다.' 등과 같은 번역문은 가독성이 떨어지므로, 고객이 상세페이지에서 이탈할 가능성이 크다. 그러므로 번역된 문장을 다시 자연스럽게 다듬어야 한다. 이것이 세 번째 포인트이다. 없는 문장을 새로 만드는 것이 아니라, 번역된 문장을 다듬어 가독성을 높이는 작업을 하는 것이다. 이때, 단어만 나열하는 것보다 구어체 문장으로 구성하거나, 평소에 사용하는 단어를 넣어서 자연스럽게 작성하면 가독성을 높일 수 있다.

번역기로 번역한 '열 전도성이 좋다. 오일을 사용하지 않아도 되며 흡열량이 좋다. 쉽게 탈모하여 쉽게 세탁할 수 있다. 양면을 묻히지 않으면 에너지를 절약하고 보기 좋다.'라는 문장을 다듬어 '이 휘낭시에 틀은 열 전도성이 좋아 구움과자를 만들기에 최적인 상품입니다. 또한 오일을 사용하지 않아도 된다는 장점이 있습니다. 휘낭시에가 완성되면, 틀에서 잘 떨어지고, 틀은 쉽게 세척이 가능해 보관이 편리합니다.'와 같이 평소에 사용하는 단어를 이용해 구어체로 서술하면 된다.

처음에는 문장을 다듬는 작업이 어렵게 느껴지고 시간이 오래 걸리지만 할수록 수월해질 것이다. 구어체로 바꾸고 평소 사용하는 단어로 문장을 만드는 것이 어렵게 느껴진다면 다른 판매자들의 상세페이지를 보며 비슷하게 작성해보는 것도 많은 도움이 된다. 이렇게 문장을 다듬어 '사진〉글〉사진〉글'의 블로그식 구성으로 상세페이지를 만들었다면 90%가 완성됐다고 볼 수 있다.

이제 상세페이지에서 상품 정보 외의 나머지를 채우면 된다. 먼저 상세페이지의 상단이나 하단에 꼭 넣어야 하는 부분 중 하나는 바로 CS 안내문이다. CS 안내문이 없다면 고객이 떠날 가능성이 크기 때문에, 문의 사항이 있을 경우 네이버 톡톡이나 문자로 문의하라는 안내문을 기재하는 것이 좋다. 더불어 구매대행 상품이라는 안내와 주의 사항, 배송 정보, 교환·환불 정책 등을 기

재하면 상세페이지가 완성된다.

상세페이지를 완성했다면, 그 아래 있는 상품 주요 정보를 적은 차례인데, 이 부분은 최대한 꼼꼼하게 적는 것이 상품 노출도에 도움이 된다. KC 인증의 경우는, 상품 카테고리를 입력하면 자동으로 해당 내용이 선택되니, 상품 카테고리를 먼저 입력하는 것이 좋다. KC 인증 없이도 판매 가능한 상품은 'KC 인증 없음〉구

매대행' 메뉴를 선택해야 '이 상품은 구매대행을 통하여 유통되는 상품이며 '전기용품 및 생활용품 안전관리법'에 따른 안전관리 대상 상품입니다.'라는 문구가 상세페이지에 노출되어 소비자에게 상품 안전에 관해서 고지할 수 있다.

다음은 배송에 관한 설정을 해야 한다. 상품에 따라 배송비를 다르게 설정할 수 있는데, 상품 가격과 마진을 고려하여 판매자가 설정하면 된다. 여기서 유의할 점은, 보통 구매대행 상품의 경우는 배송비를 상품마다 다르게 설정하므로 묶음 배송이 불가능하다고 설정해야 한다는 것이다. 또한, 배송비 메뉴에는 '무료, 조건부 무료, 유료, 수량별 유료, 구간별 유료'가 있는데 '수량별 유료'를 선택한 후, '1개마다 기본 배송비 반복 부과'를 설정하면 상품마다 배송비가 부과된다. 반대로 상품을 모두 무료 배송으로 설정하고 묶음 배송할 수 있게 해서, 스토어에 있는 상품을 다양하게 묶음 판매하는 방식으로 객단가를 높일 수도 있다.

이때 가장 중요한 부분은 바로 출고지 설정이다. 구매대행의 경우, 출고지를 국내 주소가 아닌 해외 주소로 설정해야 한다. 그래야 해외 직배송 상품이라는 문구가 상세페이지에 노출되고, 고객이 구매 및 결제 시, 해외 상품이 국내에 들어올 때 필요한 개인통관 번호를 넣을 수 있는 항목이 자동으로 노출되기 때문이다.

다음은 추가 상품 항목이다. 본 상품과 함께 판매하면 좋은 옵션 상품이 있다면, 추가 상품 메뉴를 이용해 함께 판매할 수 있다. 예를 들어 메인 상품이 마들렌 틀일 경우 구매자는 베이킹하는 사람일 테니, 추가 상품으로 각종 베이킹 도구를 등록하는 것이다. 마들렌 틀과 함께 기타 베이킹 도구를 구매할 가능성이 높기 때문에 객단가를 높이는 아주 좋은 수단이 된다.

구매/혜택 조건 항목의 경우, 상품을 구매하거나 상품 리뷰 작성 시 지급되는 포인트를 설정할 수 있다. 해당 포인트는 네이버에서 지급하는 것이 아니라, 나의 예치금(광고비)에서 소진되는 부분이므로 이를 염두에 두고 설정해야 한다.

마지막으로 검색설정 항목이다. 여기에는 3가지가 있는데 태그,

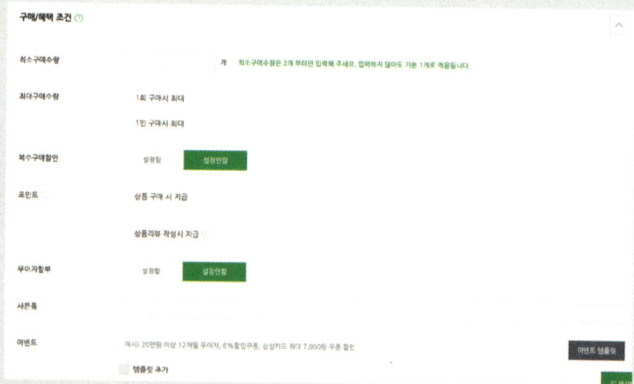

Page Title, Meta description이다. 태그는 카테고리와 매칭되는 자동설정 태그와 직접 입력 태그가 있는데, 상품과 관련된 내용을 직접 입력하는 것을 추천하며 태그 사전에 등록된 단어 중에서 선정해야 한다. 다음 사진의 예시처럼 '베이킹 도구'라는 키워드를 검색했을 때 '(18121)'이라는 등록 번호가 함께 뜬다면, 태그 사전에 등록된 것이니 함께 등록할 수 있다. 태그를 입력할 때는, 상품과 관련 있는 태그여야 한다. Page title과 Meta description은 검색 엔진에 상품을 노출하는 데 도움을 주는 항목이다. 먼저 Page title에는 상품명이나 대표 키워드를 넣으면 되고 최대 30자를 넘기지 않는 것을 추천한다. Meta description은 태그와 비슷하게 상품과 직접 연관이 있는 단어들로 입력하고 쉼표(,)로 단어를 구분하면 된다.

마지막으로, 아주 기초적이지만 간혹 이 부분을 설정하지 않아 상품이 아예 노출되지 않는 경우가 있다. 마지막에 있는 '가격비교 사이트 등록' 항목에 체크 표시를 하는 것이다. 이렇게 해야 네이버쇼핑에 해당 상품이 노출된다. 반영되기까지는 상품을 등록하고 최소 2시간에서 최대 9시간까지 걸릴 수 있으니, 올리자마자 내 상품이 검색되지 않는다고 당황하지 말자. 여기까지 체크를 하고 저장하기를 누르면 상품 등록이 완료된다.

3단계: 소싱처 사용 및 구매

주문이 들어오면, 해당 상품을 구매해서 보내는 일을 하는 곳이 바로 소싱처이다. 구매대행의 소싱처는 해외 사이트로, 미국의 아마존, 이베이, 타오바오, 중국의 티몰, 일본의 라쿠텐 등이 있다. 소싱처의 사이트 내 구성은 상이하지만, 기본적으로 쇼핑몰이라는 동일한 개념을 가지고 있으므로 전반적인 사용 방법은 비슷하다.

우리나라의 스마트스토어, G마켓, 11번가와 같은 개념으로 생각하면 이해가 쉬울 것이다. 어떤 쇼핑몰이든 상품을 구매할 때는 '구매하기'를 누르고 '주문/결제' 창에서 배송지 정보와 주문자 정보, 그리고 결제 정보를 기재한 후 '결제하기'를 누르면 주문이 완료된다. 해외 사이트 역시 크게 다르지 않기 때문에 언어적인 장벽이 있더라도 어렵지 않게 상품을 구매할 수 있다.

모든 소싱처 사이트를 다루기엔 무리가 있으므로 대표 사이트인 중국의 타오바오를 예로 들어보겠다. 전반적인 사이트 사용법과 주문이 들어온 상품을 구매하는 방법을 알아보자.

타오바오를 비롯해 중국, 미국, 독일 등 해외 사이트가 소싱처이므로 언어 문제가 가장 걱정될 것이다. 이 부분은 번역기를 통해 해결할 수 있다. 다양한 번역기 프로그램 중에서도 크롬 확장 프로그램으로 구글 번역기를 설치해서 사용하는 것을 추천한다. 외국어를 한글로 바꾸는 기능을 선택하면 사이트 전체를 한글로 볼 수 있어서 어렵지 않게 소싱 사이트를 이용할 수 있다.

번역기를 설치해서 해외 소싱 사이트의 매뉴얼을 한글로 변경한 후, 1단계에서 소싱한 상품을 사이트에서 찾으면 된다. 소싱 사이트에서 상품을 찾을 때는 3가지 방법이 있다. 먼저 네이버 어학 사전을 이용해서 해당하는 상품의 일반적인 통칭을 그 나라

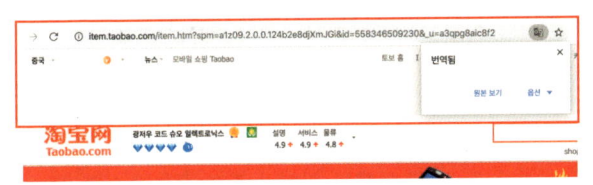

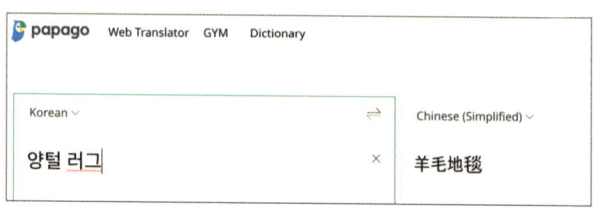

의 언어로 찾는 것이다. 두 번째는 파파고나 구글 번역기를 통해서 직역해보는 것이다. 중국어는 다른 언어에 비해서 번역률이 떨어지는 편인데, 정확도를 높이는 팁으로는 한국어를 중국어로 바로 번역하는 것이 아니라 영어로 먼저 번역한 후 다시 중국어로 번역하는 것이다. 또한 어학 사전이 정확도는 더 높으나, 새로 나온 상품의 경우 어학 사전에 없는 경우가 많아 번역기를 함께 사용하는 것이 좋다. 세 번째는 이미지 검색이다. 소싱하려는 상품

의 이미지가 있고 비슷한 상품을 찾고 싶다면 사이트 검색에 있는 카메라 모양의 아이콘을 눌러 이미지로 검색할 수 있다.

구매대행의 전반적인 과정에서 우리가 실제로 상품을 보는 경우는 거의 없다. 상품이 고객에게 바로 직배송되기 때문이다. 이러한 이유로 판매자는 상품의 퀄리티가 걱정되고 '과연 이 상품을 소싱해도 되는 걸까?'라는 생각이 들기 마련이다. 이때, 해당 상품 페이지에서 상품의 누적 판매 수와 리뷰를 보는 것을 추천한다. 리뷰의 개수가 많다는 것은 판매 개수가 많다는 뜻이며, 상품의 퀄리티가 어느 정도 보장되어 있다는 방증이다. 또한, 리뷰에서 상품에 대한 부정적인 내용이 있는지 확인한 후 선택적으로 진행하는 것이 좋다.

더불어 상품의 상단 혹은 우측에 판매자 정보가 나오는데, 이

를 고려하면 소싱할 때 도움이 된다. 상점명 바로 아래에 나오는 하트, 다이아몬드, 왕관 같은 모양은 타오바오에서 판매자에게 부여하는 판매자 등급으로, 상점에서 총 판매한 상품의 개수에 따라 등급을 부여한다. 앞서 말한 바와 같이 상품을 많이 판매했다는 것은 판매를 지속해서 해왔다는 뜻이며 고객 응대, 재고 보유 가능성 등이 높다는 것을 의미한다. 그래서 비교적 상품에 관련된 문제 가능성이 적다는 점에서 신뢰할 만하다. 총 16개의 등급이 있는데, 적어도 다이아몬드 4개 이상의 등급이어야 신뢰할 만한 판매자라고 나는 판단한다. 그리고 판매자 등급 아래로 3가지의 숫자가 뜨는 것을 볼 수 있는데 상세페이지 점수, 고객서비스 점수, 배송 서비스 점수를 5점 만점으로 표기한 것으로 평균 4.7점 이상인 곳이면 안정적인 서비스를 제공한다고 볼 수 있다.

이런 정보들을 바탕으로 상품을 소싱해서 상품을 올리다 보면 어느새 고객들이 스토어에 유입되어 구매가 일어난다. 이제 주문이 들어온 상품을, 해당 소싱 사이트에서 고객을 대신해 주문하는 단계이다. 해당 상품 페이지에서 주문하기를 누르면 결제 페이지로 넘어가는데 이때 주소와 결제창이 함께 나온다. 주소의 경우,

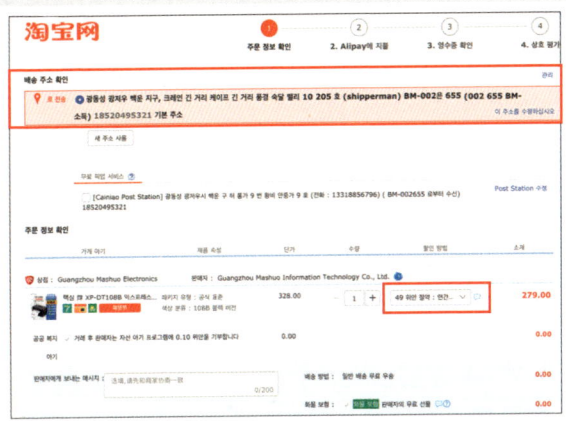

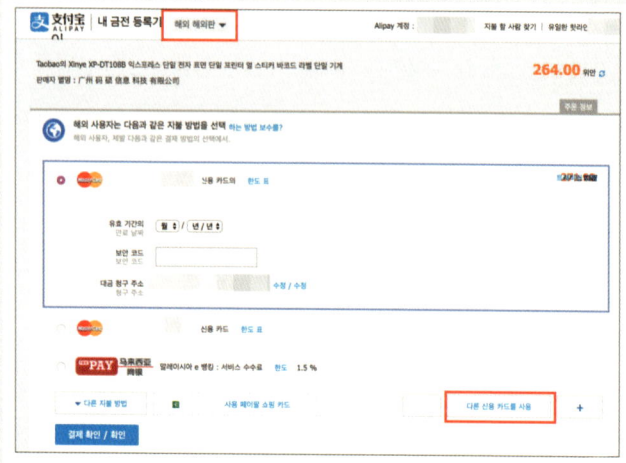

직배송이 가능한 상품의 경우에는 고객의 주소를 넣어 상품을 고객에게 바로 보낸다. 그러나 대부분 직배송이 아닌 배대지를 이용해 고객에게 보내는 방식으로 진행하므로, 고객의 주소가 아닌 4단계에서 세팅할 배대지 주소를 넣어준다. 할인 코드가 있는지, 수량이 맞는지 등을 마지막으로 확인하고 결제하기를 누른다. 중국 사이트에서 결제할 때 중국 계좌나 중국 카드로만 결제가 가능한 경우가 많은데, 타오바오에서는 해외 결제가 가능한 신용 카드를 등록하여 사용할 수 있다. 이를 사용하기 위해서는 결제창에 나오는 알리페이 상단에서 지역을 해외로 변경하고 '다른 신용 카드를 사용'을 누른 후, 사용하려는 카드 번호를 입력하면 된다. 이때,

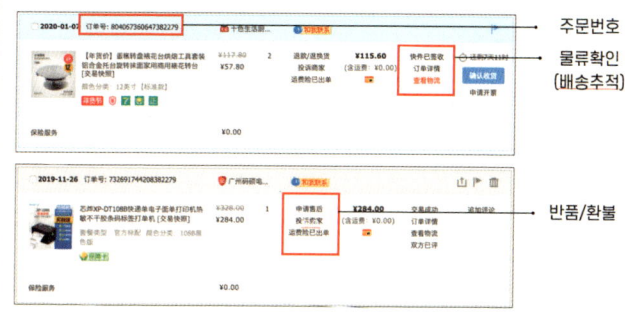

주문번호

물류확인
(배송추적)

반품/환불

해외 카드 결제 수수료 3% 추가로 결제되니 전에 봤던 가격과 상이하다는 점을 참고하자.

'구매 내역'을 누르면 그동안의 결제 내역을 확인할 수 있다. 주문 번호와 배송 추적, 반품, 환불, 메신저 등을 확인할 수 있는 곳이다. 상품을 결제하고 판매자가 주문을 확인하면, 중국 내 송장 번호가 생긴다. 해당 주문 건의 '물류 확인'을 눌러 송장 번호를 확인한 후, 배대지에 입력하면 된다.

해당 물건 또는 배송 현황에 관해 궁금한 점이 있다면 물방울 무늬의 아이콘을 눌러서 '알리왕왕'이라는 메신저를 통해 판매자와 연락할 수 있다. 네이버 스마트스토어의 네이버 톡톡과 같다고 보면 된다. 상품이 배대지에 도착해 검수하는 과정에서 상품이 잘못 왔거나 파손이 된 경우, '반품/환불' 메뉴를 이용해 진행할 수 있다. 알리왕왕 메신저를 통해 어떤 부분이 잘못되어 배송됐는지 정확히 의사소통하여 반품/환불이 제대로 이뤄지게끔 할 수 있다.

4단계: 배대지(배송대행지)를 통한 배송 처리

상품을 소싱하고 소싱한 상품을 스토어에 업로드한 후, 고객으로부터 주문이 들어오면 소싱 사이트에서 주문 처리를 한다. 주문처리 시, 3단계에서 말한 바와 같이 해당 상품을 한국에 있는 고객에게 바로 보내는 직배송 방식을 사용하기도 하지만 배대지를 이용하여 배송을 처리하는 방법이 일반적이다. 이번 파트에서는 배대지를 이용하여 어떻게 배송 처리를 하는지 알아보자.

그에 앞서 간단히 배대지는 무엇이며, 왜 이용하는지 알아보도록 하자. 배대지란 배송을 대행해주는 업체로 현지의 물류 센터에서 해당 상품 검수, 재포장 등의 서비스를 제공하면서 그에 대한 배송 요금과 서비스 비용을 받는다. 배대지를 이용하는 이유에는 여러 가지가 있다. 첫 번째로 해당 상품이 직배송이 불가능한 상품일 경우, 두 번째로 합배송이나 검수·재포장 등의 서비스를 이용하기 위해서, 그리고 세 번째로 현지 배송사나 통관청과의 커뮤니케이션에 관해 도움을 받을 수 있어서 등이다.

소싱 사이트와 마찬가지로 배대지 사이트 역시 사이트마다 메뉴 구성은 상이할 수 있으나 이용하는 방법은 비슷하다. 중국 전용 배대지, 미국 전용 배대지처럼 한 나라를 전문으로 하는 배대지도 있고 미국, 독일, 일본, 중국 등 다양한 나라를 다루는 대형 배대지도 있다. 아이포터라는 배대지 사이트를 예시로 실제 배대지 사용법을 알아보도록 하자.

'배송 대행 신청' 누른 후, 이용할 배대지를 선택한다. 이때, 미국의 경우 3가지 선택지가 있는 것을 볼 수 있는데 여러 지역에 각각 물류 센터를 둔 것이다. 이용하고자 하는 지역을 선택하면 된다.

그리고 일반배송과 항공 특송, 익스프레스 배송 등 기간과 요금에 따라 배송 방법을 선택해야 한다. 이때 자신의 스토어 운영 방법을 기준으로 배송 종류를 선택하면 되는데, 배송비가 조금 비싸더라도 배송 기간이 짧은 것을 원한다면 항공 익스프레스를 사용하고, 배송 기간은 길지만 저렴한 가격을 제공하겠다는 기준을 가지고 있다면 일반 배송을 선택하면 된다.

그다음이 상품 정보란이다. 고객이 주문한 상품의 정보를 넣어주면 된다. 배대지 사이트마다 상품 정보란에 넣어야 하는 항목이 조금씩 다를 수는 있으나 '영문 상품명, 품목, 브랜드, 주문 번호, 수량, 단가, 상품 URL'은 필수 항목인 경우가 많다. 상품 정보란의 내용이 그대로 통관청에 넘어가기 때문에 정확하게 기재해야 한다. 관세·부가세를 내지 않기 위해서 가격이나 수량을 허위로 적어선 안 된다. 참고로 단가 부분은, 상품 가격과 내륙 배송비, 그리고 세금을 모두 합한 금액을 적어야 한다. 상품 URL은 배대지에서 해당 상품을 더 정확하게 검수하기 위한 장치이므로 귀찮더라도 꼭 입력해서 오배송률을 줄여야 한다. 트래킹 넘버 역시 꼭 입력해야 하는 항목 중 하나이다. 트래킹 넘버가 없다면 우선은 비워두고, 추후 소싱 사이트에 트래킹 넘버가 업데이트 되었을 때 반영하면 된다.

상품 정보 입력이 끝나면 수령인 정보를 입력해야 한다. 수령인 정보는 판매자인 우리의 정보를 넣는 것이 아니라 구매자의 정보를 넣어야 한다. 구매자의 정보는 판매처인 스토어에서 다운받아 작성이 가능하다. 보통 개인, 사업자, 외국인으로 나뉘어 있는데 개인 고객의 상품을 대리 주문 처리해주는 것이므로 '개인'에 체크하면 된다. 여기서 가장 중요한 부분은 개인 통관 번호인데 구매자가 아닌 수령인의 이름과 수령인의 개인 통관 번호를 정확히 넣어야 한다. 통관청에서 실제 수령인의 이름과 개인 통관 번호가 불일치할 시, 통관이 지연되며 수정을 해야 하는 등 번거로운 절차가 있으므로 이 부분을 명확히 확인 후 진행하는 것이 효율적이다.

배대지 사이트마다 조금씩 차이는 있지만 대부분 배송 스케줄이 공지되어 있다. 배대지마다 해운, 항공 스케줄은 일정한 편이기 때문에 확인해보면 출발 시각을 기준으로 한국까지의 도착일을 예상할 수 있다. 스케줄을 미리 파악해두면 고객 응대를 더욱더 수월하게 처리할 수 있을 것이다.

5단계: 스마트스토어 주문 처리

이렇게 단계별로 상품을 소싱하고 업로드하다 보면 어느새 스토어에 상품이 쌓이게 될 것이다. 앞서 배운 소싱처 사용법과 배대지 주문서 작성법을 이용해 주문이 들어왔을 때 해당 주문을 처리하는 방법을 알아보자.

스마트스토어 판매자 센터의 신규 주문란에서 주문이 들어온 것을 확인할 수 있다. 해당 주문 건을 누르면 어떤 상품을 어떤 고객이 몇 개를 주문했는지 확인할 수 있다. 주문 건수가 여러 개일 때는 모든 주문을 체크한 후 엑셀로 내려받는 것이 좋다. 그리고 이 데이터를 기반으로 소싱처 사이트에 가서 해당 상품을 주문한다(3단계). 마지막으로 배대지에서 해당 주문에 대한 배대지 주문서를 작성한다(4단계). 해당 상품을 소싱처에서 주문하면(3단계) 소

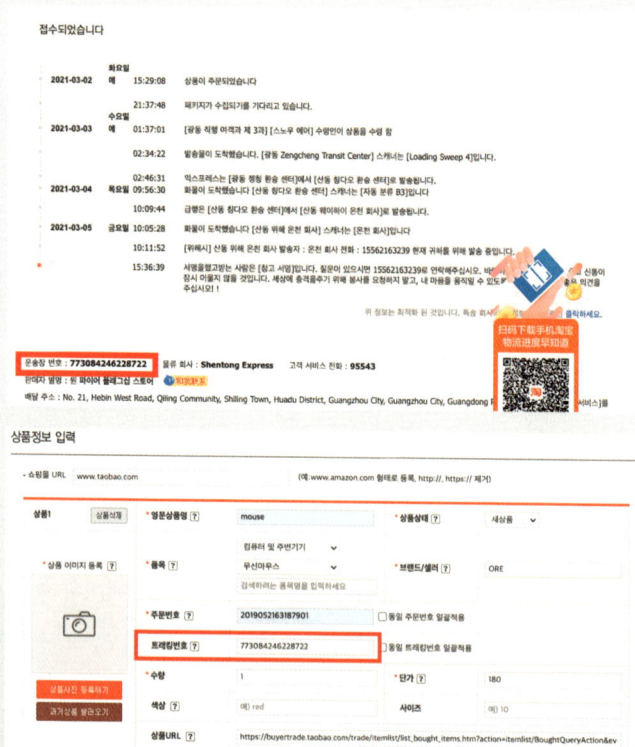

싱처 판매자가 상품을 발송하고 해당 나라에서 유효한 송장 번호가 소싱처에 업데이트될 것이다. 그러면 이 송장 번호를 배대지 주문서에 입력한다. 이후 소싱처의 판매자로부터 해당 상품이 배대지에 도착한다. 그러면 우리가 미리 작성해놓은 배대지 주문서

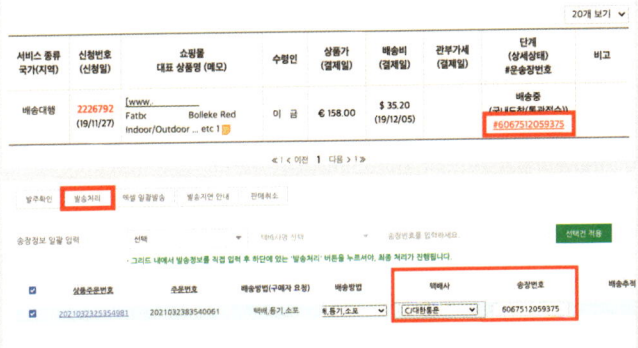

와 현지 송장 번호가 매칭되어, 배대지에서는 상품에 대해 간단한 재검수를 한다. 상품이 제대로 왔는지, 개수가 맞는지, 색상이 맞는지 등이다. 그리고 필요에 따라 우리가 요청한 사항에 관해서 확인 처리하기도 한다. 예를 들어 파손 위험이 높은 상품의 경우, 에어캡 등으로 추가 완충 포장 서비스를 요청하면 이와 같은 서비스를 처리해주는 단계이다(배대지에 따라 이런 서비스의 종류는 상이하며, 가격도 무료부터 유료까지 모두 다르므로 별도로 체크해야 하는 부분이다).

이 과정이 모두 끝나면 이제는 국내 송장 번호를 새로 발급하여 부착한 후 국내로 출고한다. 이때, 배대지에 국내 송장 번호가 함께 업로드되므로 이 번호를 복사하여 스마트스토어에 송장 번호를 입력하고 '발송 처리'를 눌러주면 된다. 이렇게 판매자가 '발송 처리'를 누르면 해당 주문은 '배송 준비'에서 '배송 중'으로 상

발송지연 안내하기

- 결제일로부터 3영업일 이내에 발송처리가 불가한 경우, '발송지연 안내' 처리를 하셔야 합니다.
- 발송지연 안내 처리는 1회만 가능하며, 입력하신 지연사유는 구매자에게 안내가 됩니다.
- 발송기한 경과시까지 발송처리가 되지 않으면 구매자 취소요청시 즉시 환불처리가 진행됩니다.
- 발송기한은 결제일로부터 최대 90일까지 설정이 가능합니다.
- 예약구매 상품의 경우 '발송예정일'까지 발송처리가 불가한 경우, '발송지연 안내' 처리를 하셔야 합니다.
- 예약구매 상품의 발송기한은 발송예정일로부터 90일까지 설정이 가능합니다.

태가 바뀌며 고객이 이를 확인할 수 있다.

국내 송장 번호가 언제 발급되는지 또한 배대지에 따라 다르다. 어떤 배대지는 주문서 작성 시 임의로 국내 송장 번호가 발급되며, 어떤 배대지는 상품이 출고될 때 발급되고, 어떤 배대지는 국내 배송이 시작되면서 발급된다. 이 부분 또한 배대지에 미리 확인해두는 것이 좋다. 또한, 배대지에서 주문서를 작성할 때, 임의 국내 송장 번호가 발급되는 경우를 제외하면 실제 송장 번호를 3일 안에 등록할 수는 없기 때문에 난감할 수 있다. 이때는 미리 '발송 지연 안내' 메뉴를 통해 지연 날짜를 정해서 처리하고 고객들에게 해외 배송 상품이라는 안내를 한다면 별도의 페널티를 받을 일은 없다.

이후, 항공이나 해운을 통해 상품이 국내에 입고된다. 그리고 관세청과 통관청에서 각종 절차를 거친다. 관세청에서는 해당 상품의 관세·부가세 지불 여부와 그 절차를 관리하며, 통관청에선 해당 상품이 국내 규정에 어긋나지 않는지, 아무 문제가 없는지 등을 확인하는 절차를 거친 후 반출된다. 그다음 단계가 우리가 흔히 알고 있는 국내 배송사로 인계가 되어 국내 배송이 시작되는 것이다. 국내 배송은 도서 산간지역과 특별한 경우가 아니라면 보통 2~3일 안에 배송이 완료된다.

그렇게 상품이 고객에게 도착하고 초기 불량이 아니라면, 고객은 구매 확정을 한다. 네이버 스마트스토어의 경우, 고객이 구매 확정을 하고 나면 익일자로 판매자에게 정산이 되어 판매 충전금으로 받을 수도, 바로 계좌로 정산받을 수도 있다. 고객이 날짜 안에 구매 확정을 하지 않는 경우라면 발송 처리 15일 후, 자동구매 확정이 되며 이 또한 자동구매 확정일 익일에 정산되는 시스템이다.

구매대행과 스마트스토어를 시작하기로 마음을 먹고 판매자 등록을 하고 나면 처음 보는 메뉴 때문에 잔뜩 겁먹기 마련이다. '내가 괜히 잘못 눌러서, 잘못 처리해서 문제가 생기면 어쩌지?'라는 걱정과 두려움 때문에 초반에 포기하는 이들을 꽤 많이 봤다. 처음 해보는 일이니 당연히 그럴 수 있다고 이해되면서도 안타까웠다. 사실 한두 번만 해보면 그 벽을 금방 허물 수 있다는 것을 알기 때문에 처음 시작을 도와줄 수 있는 튜토리얼 워크북을 만들어 도움을 주고 싶었다. 마지막으로 가장 전하고 싶은 말은 'JUST DO IT.', 실행이 전부이니 지금 당장 시작해보길 바란다.

에필로그.
망설이지 말고 시작할 때

책을 쓰며 되돌아보니 나는 참 단순했다. 원하는 삶을 살기 위해서 수단으로 선택한 일이 구매대행이었고 '한번 해볼까?'라는 마음으로 가볍게 시작했다. 그렇게 단순하고 무식하게 시작한 일이라 소소한 사건·사고도 발생했지만, 사실 이런 마인드가 아니었다면 몇 년이 흐른 지금의 내 모습은 매우 달랐을 것이라고 확신한다.

새로운 일을 하기 전엔 누구나 두려움이 앞선다. 그래서 누군가에게 확신을 얻기 위해 질문을 하고 자문도 구하게 된다. 그러나 그렇게 얻은 답변은 또다시 두려움으로 다가올 때가 많다. '나는 시간이 없는데 저 사람은 시간이 많았잖아. 저 사람은 컴퓨터를 나보다 능숙하게 해서 잘한 거 아닐까?' 파고들수록 생각만 많아질 뿐 두려움은 오히려 커진다. 맞다, 사실 과거 나의 모습이다. 생각이 워낙 많은 성격 때문에 어떤 일을 하려고 하면 주저하는 시간이 꽤 길었다. 그렇게 시간을 보내고 나면 명확한 결론 대신 걱정만 그 자리를 채웠다. 그리고 후회가 밀려왔다.

'그 시간에 뭐라도 했다면! 실패했어도 결과가 남았을 텐데….' 그 후 나는 되도록 고민을 적게 하고 방법을 찾아 실행하는 편으로 마음가짐을 바꾸기 시작했고 일단 '하면 한다.'는 정신으로 뭐든 해보기 시작했다.

무슨 일이든 시작하지 않으면 결과는 세상 누구도 알 수가 없다. 강의를 하며 과거의 나와 비슷한 모습인 수강생을 정말 많이 만났다. 대부분 일어나지 않은 일들에 대한 고민을 늘어놓는데 그때마다 나는 답한다.

'많은 사람들이 그렇게 고민하고 걱정해요. 어쩌면 누구나 그렇다는 사실에 위로를 받을 수도 있죠. 하지만 조금만 달리 생각

해보면, 누구나 그렇기 때문에 당장 시작하고 꾸준히 하는 사람이 진짜 승자가 되더라고요.'

  그만큼 시작은 큰 의미가 있다. 그게 비록 아주 작은 걸음이더라도 말이다. 심플한 나의 시작이 내 삶을 꽤 바꾼 것처럼, 이 책을 읽으며 당신의 걸음이 긍정적인 방향으로 바뀌었다면 그것만으로도 이 책은 의미가 있을 것이다. 그러니 당신도 자신을 믿고 지금 머릿속에 떠오르는 일을 당장 해보라고 말하고 싶다.

첫 달부터 매출 나는 구매대행

발행일 2021년 12월 25일 (1판 1쇄)

지은이 김윤주

발행인 김윤환
출판 총괄 유진 | **책임 편집** 허주영
디자인 총괄 조중현 | **표지 디자인** 안지연

발행처 (주)탈잉
신고 2020년 2월 11일 제2020-000036호
주소 서울특별시 강남구 테헤란로 625 6층
이메일 books@taling.me
팩스 02-6305-1607
홈페이지 www.taling.me
블로그 blog.naver.com/taling_me
페이스북 @taling.me | **인스타그램** @taling_official

ⓒ 김윤주, 2021

ISBN 979-11-974316-9-2 (03320)

- 책값은 뒤표지에 있습니다.
- 잘못된 책은 구입하신 곳에서 바꾸어 드립니다.
- 이 책은 저작권법에 따라 보호받는 저작물이므로 무단 전재와 무단 복제를 금하며,
  이 책의 전부 또는 일부를 이용하려면 반드시 저작권자와 (주)탈잉의 서면 동의를 받아야 합니다.

구매대행가이드

쿠폰 코드

EVERY TALENT INTO CONTENT

- 유효기간: 등록일로부터 30일
- 사용처:
  - **PC : taling.me**
  - **APP : 탈잉 (ios, Android)**
- 상세 내용:
  - 탈잉 VOD 모든 강의에 적용 가능
  - 타 쿠폰과 중복 사용 불가

절취선

초판 한정 자 튜터의 원 클래스를 들어 보세요

vod
TALING
SPECIAL COUPON